Ingo Bode

Die Dynamik organisierter Beschäftigungsförderung

Ingo Bode

Die Dynamik organisierter Beschäftigungsförderung

Eine qualitative Evaluation

VS Verlag für Sozialwissenschaften
Entstanden mit Beginn des Jahres 2004 aus den beiden Häusern
Leske+Budrich und Westdeutscher Verlag.
Die breite Basis für sozialwissenschaftliches Publizieren

Bibliografische Information Der Deutschen Bibliothek
Die Deutsche Bibliothek verzeichnet diese Publikation in der Deutschen Nationalbibliografie;
detaillierte bibliografische Daten sind im Internet über <http://dnb.ddb.de> abrufbar.

1. Auflage März 2005

Alle Rechte vorbehalten
© Springer Fachmedien Wiesbaden 2005
Ursprünglich erschienen bei VS Verlag für Sozialwissenschaften/GWV Fachverlage GmbH, Wiesbaden 2005
Lektorat: Frank Engelhardt
www.vs-verlag.de

Das Werk einschließlich aller seiner Teile ist urheberrechtlich geschützt. Jede Verwertung außerhalb der engen Grenzen des Urheberrechtsgesetzes ist ohne Zustimmung des Verlags unzulässig und strafbar. Das gilt insbesondere für Vervielfältigungen, Übersetzungen, Mikroverfilmungen und die Einspeicherung und Verarbeitung in elektronischen Systemen.

Die Wiedergabe von Gebrauchsnamen, Handelsnamen, Warenbezeichnungen usw. in diesem Werk berechtigt auch ohne besondere Kennzeichnung nicht zu der Annahme, dass solche Namen im Sinne der Warenzeichen- und Markenschutz-Gesetzgebung als frei zu betrachten wären und daher von jedermann benutzt werden dürften.

ISBN 978-3-531-14498-6   ISBN 978-3-322-80683-3 (eBook)
DOI 10.1007/978-3-322-80683-3

Gliederung

Einleitung 7

1. Das Organisationsfeld der Beschäftigungsförderung –
   welche Strukturen, welche Regulierung? 15

   1.1 Die Entwicklung des Organisationsfelds und seiner
       Regulierung: ein Überblick 17
   1.2 Strukturen des Organisationsfelds heute 22
   1.3 Der institutionelle Rahmen heute 24
   1.4 Exkurs: Die Entwicklung des Organisationsfelds in Europa 30

2. Wirkungen organisierter Beschäftigungsförderung –
   was analysieren, wie evaluieren? 35

   2.1 Evaluationen im Organisationsfeld der Beschäftigungsförderung:
       Defizite und Alternativen 35
   2.2 Der Kontext: Die neue Steuerungskultur und ihre
       potenziellen Konsequenzen 42
       2.2.1 Die Agenda des Managerialismus 42
       2.2.2 Wie weit trägt der Managerialismus? 47
   2.3 Das Evaluationskonzept 55
   2.4 Das methodologische Design 59

3. Organisierte Beschäftigungsförderung und ihre Leistungen –
   welche Potenziale, welche Probleme? 63

   3.1 Beschäftigungsförderung in „historiographischer" Perspektive oder:
       die Formierung spezifischer Leistungsvoraussetzungen 63
       3.1.1 Vier Fallgeschichten 65
       3.1.2 Von der Allroundorientierung zur Dienstleistungsmentalität?
             Eine Interpretation der Organisationskarrieren 82

3.2 Die Leistungsfähigkeit von Beschäftigungsförderungsbetrieben –
eine evaluative Analyse 88
    3.2.1 Das Selbstverständnis der Organisationen 89
    3.2.2 Strukturqualität in der organisierten Beschäftigungsförderung 90
    3.2.3 Procederequalität in der organisierten Beschäftigungsförderung 92
    3.2.4 Politisch-zivilgesellschaftliche Praxis 102
    3.2.5 Defizitpotenziale 105
3.3 Der evaluatorische Ertrag 107

4. Fazit: Potenziale und Grenzen organisierter Beschäftigungsförderung 113

    4.1 Leistungspotenziale organisierter Beschäftigungsförderung
    im Zeitalter des Managerialismus 113
    4.2 Grenzen organisierter Beschäftigungsförderung 115
    4.3 Perspektiven der Evaluation organisierter Beschäftigungsförderung 118

Literatur 123

Einleitung

Deutschland und die westliche Welt durchleben bereits seit längerem eine soziale Krise. Nachdem es lange Zeit so ausgesehen hatte, dass der hochentwickelte Wohlfahrtskapitalismus – ungeachtet der durch ihn systematisch produzierten Ungleichheiten – sämtlichen Bevölkerungsgruppen die Teilhabe an durchschnittlichen materiellen und kulturellen Lebensbedingungen garantieren könne, scheint diese Vision im Gefolge wirtschaftlicher und gesellschaftlicher Umbruchprozesse – konkret: durch Erwerbslosigkeit und Individualisierung – zunehmend irrealer zu werden. Vielmehr ist offensichtlich, dass nennenswerte Bevölkerungsgruppen von der durchschnittlichen Reichtumsentwicklung abgehängt werden, und mehr noch: dass diese Gruppen von einer Problemlage betroffen sind, die nun schon seit einiger Zeit unter der Überschrift *soziale Exklusion* verhandelt wird und mittlerweile breit dokumentiert worden ist (Kronauer 2002, Hammer 2003, Aposori/Millar 2003). Die Instanzen, die im entwickelten Wohlfahrtskapitalismus für die Steuerung, Verwaltung und Produktion solcher Leistungen zuständig sind – kurz: der Sozialsektor –, stehen damit vor einer neuen Herausforderung: Anders als in den Nachkriegsjahrzehnten, in denen gesellschaftliche Ausgrenzungen v.a. kleine, sozial abweichende Minderheiten betrafen, wirken Exklusionsprozesse heute bis in die unteren Mittelschichten hinein, und zwar, wie die neuere Armutsforschung aufgedeckt hat, vielfach nachhaltig und nicht nur episodisch.

Vor dem Hintergrund dieser Entwicklung hat sich das Anforderungsprofil an wohlfahrtsstaatlich vermittelte soziale Interventionen[1] einschneidend gewandelt. Gefragt sind heute umfassende Beratungs-, Unterstützungs- und Betreuungsleistungen, durch die ausgegrenzte Bevölkerungsgruppen wieder in durchschnittliche Lebensverhältnisse eingegliedert werden. Ein diesbezüglich bedeutsamer, gleichwohl in der sozialwissenschaftlichen Forschung bislang eher unterbelichteter Interventionsbereich ist der der *organisierten bzw. integrativen Beschäftigungsförderung*. Organisierte Beschäftigungsförderung bedeutet, dass längerfristig Erwerbslosen sowie Personen mit – neudeutsch formuliert – geringer „employability" im Rahmen zweckspezifischer Organisationen ermöglicht wird, (wieder) Anschluss an das „normale" Erwerbsarbeitssystem zu finden. Als *integrativ* können solche Organisationen v.a. dann gelten, wenn sie sich dabei immer *auch* um soziale Problemlagen ihrer Klientel kümmern – was besonders umfassend dort geschieht, wo sie

---

[1] Dieser Begriff meint hier und im Folgenden institutionell und organisatorisch gezielt in die Wege geleitete Maßnahmen mit dem Ziel, sich in individuellen Lebenslagen manifestierende soziale (Problem-)Zustände zu verändern (vgl. allgemein dazu Erikkson et al. 2003).

verschiedene Sphären sozialer Vergesellschaftung (ökonomische Betätigung, lokale Beteiligung, Engagement für das Gemeinwesen etc.) miteinander verknüpfen und auch in diesem Sinne integrativ wirken. Es geht mithin um Einrichtungen, die Arbeitsmarkt- und Sozialintegration zusammen denken und darüber hinaus noch mit Anstrengungen verknüpfen, die sich auf die Gestaltung des relevanten Betätigungsfelds nach Maßgabe eines „sozialökologischen" Integrationsansatzes richten.

Solche Einrichtungen – bekannt unter Bezeichnungen wie Jugendwerkstätten, Beschäftigungsgesellschaften oder Arbeitsförderungsinitiativen, aber hier und im Weiteren einheitlich als *Beschäftigungsförderungsbetriebe* bezeichnet – sind der empirische Gegenstand der vorliegenden Untersuchung.[2] Im Mittelpunkt steht die Frage, was die genannten Einrichtungen unter den heute gegebenen Rahmenbedingungen – und dazu zählen maßgeblich die vorherrschenden arbeitsmarktpolitischen Orientierungen – effektiv leisten (können). Damit verbunden ist eine Analyse des entsprechenden Organisationsfelds[3] und seiner Entwicklung, wobei dem Einfluss der im politisch-administrativen System vorherrschenden Steuerungskultur eine besondere Bedeutung zukommt. Denn organisierte Beschäftigungsförderung ist in Deutschland hochgradig institutionell kodifiziert, folglich hängen Zuschnitt und Operationsradius des Organisationsfelds stark von sozialadministrativen Steuerungsimpulsen ab.

Nun sind in dem, was sich allgemein als „*governance of welfare*" (Jessop 1999:351) bezeichnen lässt, in der jüngeren Vergangenheit tief greifende Veränderungen zu beobachten: Auf der wohlfahrtsstaatlichen Ebene, aber auch in vielen Organisationen des Sozialsektors selbst, haben sich Routinen herausgebildet, die mehr oder weniger den Vorgaben des „New Public Managements" bzw. der Vision des „Sozialmanagements" folgen (für viele: Naschold/Bogumil 2000, Hermsen 2000). Orientierungsstiftend ist dabei das, was im angelsächsischen Raum bereits seit längerem unter der Überschrift des *Managerialismus* diskutiert wird (für viele: Clarke et al. 2000). Wohlfahrtsstaatlich regulierte Interventionen im Gesundheitswesen, in Transfersystemen und verschiedenen Bereichen sozialer Dienste folgen den Maximen betriebswirtschaftlicher Lenkung, Allokation und Bilanzierung: Es gibt quantifizierte Ziele, (quasi-)wettbewerbliche Strukturen der Zielverwirklichung und an messbaren Outputs orientierte Formen der Leistungsmessung und Refinanzierung, kurz: ergebnisorientierte Steuerung. Im neuen „social work business" (Har-

---

[2] Aus forschungstechnischen Gründen muss die Untersuchung allerdings Bereiche ausschließen, die institutionell dem Segment der Behindertenförderung zugerechnet werden (für diese gelten spezifische Regelungen und Instrumentarien).

[3] Wenn hier und im Weiteren vom Organisationsfeld der Beschäftigungsförderung gesprochen wird, dann meint dies zweierlei: Anspruchslos steht der Begriff für die Bezeichnung des bunten Ensembles von Beschäftigungsförderungsbetrieben mit ihren unterschiedlichen Ansätzen und Leistungsprofilen. Gleichzeitig wird der Terminus durchaus im Sinne der neoinstitutionalistischen Organisationstheorie von DiMaggio/Powell (1983:148) verwendet, d.h. er sieht Beschäftigungsförderungsbetriebe eingebettet in feldspezifische Umweltkonstellationen mit „key suppliers, resource and product consumers, regulatory agencies, and other organizations that produce similar services."

ris 2003) werden soziale Interventionen in der Logik von Investition und Rendite behandelt, und dabei zählt nur das, was gezählt werden kann. Eine wichtige Begleiterscheinung dieser Entwicklung ist die Verknüpfung der entsprechenden Reorganisationsprozesse mit *Evaluationsprogrammen* – Wollmann (2003:1) spricht diesbezüglich gar von „siamesischen Zwillingen". Die Evaluation sozialer Interventionen hat, nach ihrem ersten Aufschwung während der Sozialplanungseuphorie der 1960er und 1970er Jahre, mit den neuen Steuerungsmodellen in der Tat eine ganz neue Bedeutung erfahren: Sie greift jetzt immer *auch* im Prozess der Steuerung selbst, nicht nur bei der Setzung und Gestaltung sozialpolitischer Ziele bzw. der politischen Bilanzierung. Die Evaluationstheoretiker Pawson und Tilly bringen den Trend auf den Punkt: „Instead of hand-on-the-shoulder control from the centre, the modern bureaucracy is managed by opening its every day activity to 'review', 'appraisal', audit', 'quality assurance', 'performance rating' and indeed 'evaluation'. (...); 'evaluation' has become a mantra of modernity" (Pawson/Tilly 2000:2). Dabei scheint die Frage längst entschieden, ob Organisationen des Sozialsektors „(are) narrowly defined as goods and service providers, or are they also accountable for providing cohesion and maintaining integration among scattered social fabrics?" (Thoenig 2003:215). Umfassendere, aber meist diffuse, Integrationseffekte sozialer Interventionen sowie die durch sie langfristig erzielten Wirkungen auf den gesellschaftlichen Zusammenhalt sind im Evaluationsverständnis der neuen Steuerungskultur jedenfalls weit gehend irrelevant.

Beides, die neue Steuerungskultur und die mit ihr verbundenen Evaluationsstrategien, haben die in den letzten Jahrzehnten des 20. Jahrhunderts gewachsenen Formen organisierter Beschäftigungsförderung zunehmend in Frage gestellt. Im Rekurs auf Evaluationen des oben genannten Typs hat man öffentliche Beschäftigungsförderung als ineffektiv bzw. unrentabel definiert – auch in weiten Teilen der veröffentlichten Meinung, der zu Folge „staatlich verordnete Arbeitsbeschaffungsmaßnahmen ... sich in der Vergangenheit als wirkungslos oder sogar kontraproduktiv" erwiesen haben.[4] Daraus ist politisch die Konsequenz gezogen worden, Beschäftigungsförderung als „moderne Dienstleistung am Arbeitsmarkt" (Hartz-Bericht 2002)[5] zu rekonzipieren und auf Förderprogramme umzuschalten, bei denen Beschäftigungsförderungsbetriebe nur mehr als Auftragnehmer eng geschnittener Integrationsmodule (wie Berufsvorbereitung im Schnellverfahren, Profiling und Vermittlung, kurzfristige „Resozialisierungsmaßnahmen") eingesetzt werden und sich mit entsprechenden Angeboten an Ausschreibungen beteiligen; überdies wurden die Träger dazu eingeladen, in den subventionierten Arbeitnehmerverleih einzusteigen. Beschäftigungsförderungsbetriebe, die sich um die Einrichtung von längerfristigen Arbeitsgelegenheiten in Rückbindung an lokale Bedarfe bemühen, kommen in diesem arbeitsmarktpolitischen Skript kaum mehr vor.

---

[4] Vgl. „Die Zeit" vom 25.11.2004.
[5] Zur Entwicklung der Arbeitsmarktpolitik und ihren Folgen für organisierte Beschäftigungsförderung vgl. die Ausführungen in Kapitel 1.

Gewiss: Nachdem es noch bis Mitte 2004 so schien, als stünde die Abwicklung des sog. zweiten Arbeitsmarkts (in dem das Gros von Beschäftigungsförderungsbetrieben beheimatet ist) unmittelbar bevor, wird den Trägern nun die Aufgabe zugewiesen, im Rahmen sog. Ein-Euro-Jobs größere Segmente von Sozialhilfe- bzw. ehemaligen Arbeitslosenhilfeempfängern zu gemeinnützigen Arbeitsmaßnahmen heranzuziehen. Dieses Vorhaben entspricht der im angelsächsischen Raum entwickelten Philosophie des „workfare" und scheint das Organisationsfeld der Beschäftigungsförderungsbetriebe in gewisser Weise zu rehabilitieren – mit dem feinen Unterschied, dass Beschäftigung im zweiten Arbeitsmarkt bis dato meist ein gewisses Maß an intrinsischer Motivation bei den Maßnahmenteilnehmern vorausgesetzt hat, was bei einer Arbeitsaufnahme nach Androhung von Sozialhilfekürzungen weit weniger der Fall sein dürfte.[6] Ungeachtet dessen spricht indes nicht wenig dafür, dass die etablierte Steuerungs- und Evaluationskultur von dieser Entwicklung unberührt bleibt. Der Hauptakzent der jüngsten Arbeitsmarktreformen liegt auf den o.g. Kurzzeitmodulen zur Optimierung von Vermittlungs(versuchs)prozessen; der Rekurs auf Ein-Euro-Jobs wirkt sehr viel mehr als provisorischer Behelf denn als eine Anerkennung der Integrationsleistung des Organisationsfelds. Diese Leistung bleibt nach wie vor stark umstritten.

Vor diesem Hintergrund erscheint eine kritische Auseinandersetzung mit dem Mainstream der Evaluation organisierter Beschäftigungsförderung mehr als angezeigt. Es ist eine soziologische Binsenweisheit, dass soziale Interventionen ihre Effekte in äußerst komplexen, allenfalls näherungsweise rekonstruierbaren Wirkungszusammenhängen entfalten – die Theorie sozialer Dienste trägt diesem Sachverhalt bis heute Rechnung (vgl. Olk et al. 2003). Wenn dem so ist, dann sind die vorherrschenden Techniken zur Bewertung der Praxis organisierter Beschäftigungsförderung hochproblematisch: Wenn Qualität mechanisch gemessen wird, wenn Programme sozialer Reintegration in ihrem Zuschnitt ex ante durchstandardisiert und von kurzfristigen Erfolgsmeldungen abhängig werden, wenn die Wirkung sozialer Interventionen an oberflächlichen Indikatoren festgemacht wird, dann besteht die Gefahr, dass die reellen Leistungen sozialer Interventionen unvollständig oder auch falsch abgebildet werden.

Folglich sind im Hinblick auf eine „realistische"[7] Evaluation entsprechender sozialer Interventionen Alternativen zu diskutieren. Es muss immer *auch* darum gehen, die Wirkungen solcher Interventionen so weit wie möglich zu *verstehen*, bevor sie einem folgenreichen Bewertungsprozess unterzogen werden. Gerade dann, wenn die Effekte dieser Interventionen nicht einer schlichten Erfolgsmessung zugänglich sind, ist erst einmal zu klären, *welche* Leistungspotenziale mit bestimmten Interventionsformen verbunden sind. Ferner gilt zu beachten, dass sich diese Potenziale –

---

[6] Zumal die faktischen Entgelte für die Maßnahmenteilnehmer ein weiteres Mal abgesenkt worden sind.

[7] Der Terminus kann an dieser Stelle alltagssprachlich gelesen werden; wie im Weiteren noch erläutert wird, steht hinter ihm jedoch ein spezifisches Evaluationskonzept.

und auch deren Grenzen – erst in einem ganzheitlichen Blick auf die Interventionsprozesse selbst erschließen. Ganzheitlich heißt dabei, eine solche Potenzialanalyse stets mit Blick auf *Kontexte* durchzuführen und zudem jene *Mechanismen* zu rekonstruieren, über die Interventionsprozesse Wirkung entfalten (oder nicht). Solche Mechanismen zeigen sich nicht zuletzt in praktischen Interaktionen und strukturbildenden Handlungen *vor Ort*.[8]

Die vorliegende Untersuchung nimmt diese Devise auf und bezieht sie auf *organisationale Settings* integrativer Beschäftigungsförderung. Deren Leistungen werden also auf der Ebene konkreter Einrichtungen betrachtet. Die Fokussierung der Organisationsebene folgt der Überzeugung, dass die Mechanismen und Kontexte sozialer Interventionen sich in solchen Settings besonders wirklichkeitsnah „erleben" bzw. rekonstruieren lassen – eben weil damit ein vergleichsweise tieferer Einblick in die Praxis sozialer Interventionen verbunden ist. So lässt sich zeigen, dass eine setting-orientierte Perspektive auf das Leistungspotenzial des Organisationsfelds lohnt und als Ausgangspunkt für eine, auch weitere Spielarten sozialer Interventionen betreffende, *alternative Evaluationspraxis* dienen kann.

Die Perspektive auf Leistungs*potenziale*, wie sie für diese Untersuchung gewählt wurde, weist insofern einen Bias auf, als im Grundsatz von der Existenz solcher Potenziale ausgegangen wird. Insofern gibt es de facto eine „Parteinahme" für das untersuchte Organisationsfeld. Zugleich bleibt die Eruierung konkreter Leistungs*defizite* zweitrangig. Eine eingehendere Befassung mit den – zweifellos vorhandenen – hausgemachten Funktionsproblemen der Organisationen würde erst dann wirklich Sinn machen, wenn über die allgemeinen Potenziale organisierter Beschäftigungsförderung Klarheit bestünde – wovon derzeit sicherlich nicht ausgegangen werden kann. Ferner ist anzumerken, dass es in dieser Studie nicht um eine geläufigen Kriterien der quantitativen Sozialforschung entsprechende Wirkungsanalyse geht, sondern um die *Plausibilisierung eines Konzepts zur qualitativen Evaluation sozialer Interventionen*. Die Auseinandersetzung mit empirischen Befunden illustriert bzw. fundiert das gewählte Verfahren, ist aber streng genommen nicht repräsentativ im Hinblick auf das gesamte Organisationsfeld. So gesehen handelt es sich eher um einen „Probelauf". Zu berücksichtigen ist schließlich, dass ein größerer Teil der Befunde auf Aussagen von Organisationsakteuren beruht, die im Grenzfall lediglich über den „Energiehaushalt" der Träger informieren und nicht über deren tatsächliche Praxis. Kurzum: Die evaluative Analyse hat explorativen Cha-

---

[8] Illustriert an einem konkreten Exempel: Was eine Schuldnerberatung leistet, erschließt sich erst dann, wenn etwa der Umgang zwischen Helfer und Klient oder die Abwicklung von Arbeitsvollzügen wirkungsanalytisch beschrieben wird. Als leistungsrelevant kann sich dabei herausstellen, dass Helfer und Organisationsroutinen auf Rückfälle eingestellt sind und so Chancen für nachhaltige Problemlösungen steigern. Der Erfolg der eingesetzten Programme kann zudem davon abhängen, ob im lokalen Kontext starke Neuverschuldungsanreize (durch ortsansässige Kreditinstitute oder im Lebensumfeld der Klienten) bestehen, oder davon, inwieweit Schuldenberatungen unter Druck geraten, möglichst rasche Erfolge vorweisen zu müssen, und deshalb schwere Fälle nachrangig behandeln.

rakter und dient letztlich dazu, Grundlagen für umfassendere Leistungs- *und* Fehlleistungsanalysen zu schaffen, indem konzeptionelle Argumente für die Entwicklung qualitativer (bzw. mit qualitativen Modulen ausgestatteter) Evaluationsdesigns entwickelt werden.

Die Untersuchung rekurriert auf Befunde eines aus Mitteln der Europäischen Union sowie der Hans-Böckler-Stiftung finanzierten Forschungsprojekts. Das Projekt (Laufzeit 2001-2004), an dem auf deutscher Seite neben dem Autoren dieser Studie Adalbert Evers und Andreas Schulz beteiligt waren, befasste sich mit den Leistungen und der Entwicklungsdynamik von sog. „work integration social enterprises" in elf Ländern Europas.[9] Das Vorhaben beruhte auf einem besonderen theoretischen Ansatz: Es betrachtete Beschäftigungsförderungsbetriebe als Anwendungsfall für das Konzept des „sozialen Unternehmens" (Borzaga/Defourny 2001, Evers et al. 2002) – einer Organisationsform, der aufgrund seiner intermediären Stellung zwischen Markt, Staat und lokaler Zivilgesellschaft besondere Integrationspotenziale zugetraut wurden. An dieses Konzept wird hier insofern angeschlossen, als die Initiatoren von Projekten der organisierten Beschäftigungsförderung auch in Deutschland zunächst maßgeblich von der Vorstellung geleitet waren, soziale Ziele mit wirtschaftlichen Mitteln zu verfolgen, das betriebliche Management zivilgesellschaftlichen „stakeholdern" zu überlassen und dabei möglichst unabhängig von staatlichen Umwelten zu operieren. Ihre Bemühungen richteten sich dabei – und richten sich teilweise bis heute – auf mehrere Ziele gleichzeitig: die Schaffung von Arbeitsplätzen, die Verbindung dieser Arbeitsplätze mit lokalen Bedarfen, die soziale Begleitung von Menschen in Notlagen und die Beteiligung an arbeitsmarkt-, sozial- und kommunalpolitischen Meinungsbildungsprozessen. Wie in dieser Untersuchung noch zu zeigen sein wird, ist dies im Hinblick auf die Leistungsfähigkeit des Organisationsfelds alles andere als unwesentlich, auch wenn der zivilgesellschaftliche Elan, der v.a. in den 1980er Jahren die Entwicklung des Organisationsfelds vorangetrieben hat, heute häufig kaum mehr zu erkennen ist.

Es geht also in dieser Untersuchung in doppeltem Sinne um die *Dynamik organisierter Beschäftigungsförderung*. Erstens rekonstruiert die Studie die Entwicklung und den Formwandel dieses Organisationsfelds und fragt danach, wie sich Beschäftigungsförderungsbetriebe vor dem Hintergrund dynamischer Rahmenbedingungen organisatorisch entwickeln. Auf dieser Grundlage kann dann zweitens explorativ evaluiert werden, welche Interventionsdynamik organisierte Beschäftigungsförderung unter den gegenwärtig bestehenden Handlungsvoraussetzungen auszeichnet und was dies für die Leistungsfähigkeit der in diesem Feld engagierten Einrichtungen bedeutet.

---

[9] Seine Koordinationsstellen waren in Louvain-la-Neuve (Belgien) und (für den deutschen Teil) an der Universität Gießen angesiedelt. Datengrundlagen waren u.a. mehrere in-depth-Fallstudien sowie eine schriftliche Befragung bei Managern von 300 Beschäftigungsförderungsbetrieben. Die Befunde der Befragung sind ausführlicher dokumentiert in Evers/Schulz (2004).

An diesen Fragestellungen orientiert sich auch der Aufbau der Untersuchung. Das dieser Einleitung folgende erste Kapitel skizziert das Organisationsfeld, in dem sich Beschäftigungsförderungsbetriebe bewegen. Dabei geht es um dessen Geschichte, Strukturen und institutionelle Regulierung. Zudem beleuchtet ein Exkurs die entsprechenden Verhältnisse in anderen Ländern Europas – auch, um dem besonderen, landesspezifischen Charakter des Organisationsfelds in Deutschland schärfere Konturen zu verleihen. Dem schließt sich ein Kapitel an, das sich unter konzeptionell-methodologischen Gesichtspunkten mit Evaluationen im Organisationsfeld der Beschäftigungsförderung auseinandersetzt und diskutiert, wie sich deren Leistungsfähigkeit „realistisch" bewerten lässt und welche Konsequenzen daraus für das Design von Evaluationen gezogen werden können. Einen Schwerpunkt dieser Diskussion bilden theoretische Vorüberlegungen zum Kontext organisierter Beschäftigungsförderung, und zwar bezüglich der potenziellen Wirkungen der oben angesprochenen neuen Steuerungskultur auf mit sozialen Interventionen befasste Organisationen. Das dritte Kapitel widmet sich auf der Grundlage dieser konzeptionell-methodologischen Überlegungen der Bestimmung von Leistungspotenzialen im Organisationsfeld, und zwar exemplarisch anhand ausgewählter Fallstudien. Diese Fallstudien richten sich einerseits auf verschiedene Organisationskarrieren, die zeigen, wie Beschäftigungsförderungsbetriebe sich im Kontext ihrer Handlungsbedingungen entwickeln und welche Voraussetzungen hinsichtlich ihrer Leistungsfähigkeit aus diesem Kontext erwachsen. Andererseits wird auf der Basis eines im zweiten Kapitel entwickelten Kategorienkatalogs untersucht, welche Leistungspotenziale Beschäftigungsförderungsbetriebe entfalten (können) und über welche Mechanismen dies vollzogen wird. Die (um einige Ergebnisse einer standardisierten Befragung ergänzten) Befunde werden dann zum Anlass genommen, den evaluatorischen Ertrag der Fallstudien zu bilanzieren. Das Schlusskapitel fasst die zentralen Ergebnisse der Studie zusammen und diskutiert die Perspektiven, die sich im Hinblick auf weiter führende Evaluationen im Organisationsfeld ergeben.

1. Das Organisationsfeld der Beschäftigungsförderung – welche Strukturen, welche Regulierung?

Arbeitslosigkeit ist ein zentrales Strukturproblem der Gegenwartsgesellschaft. In Deutschland sind weit über ein Drittel aller erwerbslos gemeldeten Personen länger als ein Jahr ohne Arbeit (Ende 2004: mehr als 1,7 Millionen Menschen). Besonders betroffen sind städtische Ballungsgebiete und strukturschwache Regionen sowie Personen mit sozialen Benachteiligungen. Sehr viele Langzeitarbeitslose besitzen keine Berufsausbildung, sind gesundheitlich eingeschränkt oder älter als 55 Jahre. Psychosomatische Erkrankungen, Alkohol- oder Drogenabhängigkeit und Überschuldung sind in dieser Gruppe weit verbreitet. Es handelt sich also vielfach um eine *sozialstrukturell verfestigte* Erwerbslosigkeit. Mehr noch: Insbesondere bei Personen mit gebrochenen Erwerbskarrieren, geringen Qualifikationen und beschränkter „Beschäftigungsfähigkeit" stellt Arbeitslosigkeit längst ein Problem sozialer Exklusion dar (Kronauer 2002). All dies ist bereits vielfach dokumentiert worden, Detailanalysen erübrigen sich an dieser Stelle. Wesentlich erscheint, dass vielen Langzeitarbeitslosen selbst im Falle eines konjunkturellen Aufschwungs die Möglichkeit verstellt bleiben wird, auf dem ersten Arbeitsmarkt Fuß zu fassen – auch weil sie den zunehmend höheren Anforderungen an eine normale Berufstätigkeit kaum mehr gerecht werden können. Dies gilt unabhängig von der Frage, ob sich durch Deregulierung oder Lohnsenkung zusätzliche Arbeitsplätze schaffen lassen. Auch die in letzter Zeit mit viel Aufwand forcierte Optimierung der Arbeits*vermittlung* wird an dieser Sachlage wenig ändern.

Die grundsätzliche Problematik ist von Akteuren und Organisationen im Sozialsektor bereits relativ frühzeitig wahrgenommen worden; auch die Arbeitsmarktpolitik hat mit gesonderten Förderprogrammen auf sie reagiert. Auf die beschriebene Zielgruppe zugeschnittene Beschäftigungs- und Qualifizierungsmaßnahmen zählten v.a in den 1980er Jahren zu den Standardinstrumenten zur Bekämpfung der (Langzeit-)Arbeitslosigkeit.[10] Wie noch zu zeigen sein wird, war dies nicht zuletzt auf eine zunehmende Zahl von Initiativen zurückzuführen, die sich um die Schaffung von Arbeitsmöglichkeiten außerhalb des klassisch staatlichen bzw. privatwirtschaftlichen Beschäftigungssystems bemühten. Viele dieser Initiativen waren bewusst als Projekte sozialer Reintegration konzipiert: sie zielten auf die aktive Unterstützung von Personen in besonderen Problemlagen bzw. auf das, was gemeinhin als „social empowerment" bezeichnet wird. Gleichzeitig ging es darum, diesen Personen – wenigstens befristet und für einen Teil ihrer Tätigkeit – bezahlte Arbeit im Bereich

---

[10] Zum Repertoire von Arbeitsmarkt- und Beschäftigungspolitik sowie deren Entwicklung vgl. u.a. Bäcker u.a. 2000, Trube 2004 und Buestrich/Wohlfahrt 2004.

der Erstellung von Gütern oder Dienstleistungen anzubieten. Mit diesem Anliegen wurden die Initiativen in wachsendem Maße von der öffentlichen Hand unterstützt, wodurch sich im Sozialsektor ein spezifisches, historisch neuartiges Organisationsfeld herausgebildet hat – und zwar, wie unten exkursförmig zu zeigen sein wird, im internationalen Maßstab.

Schema 1: *Organisierte Beschäftigungsförderung in der Arbeitsgesellschaft*

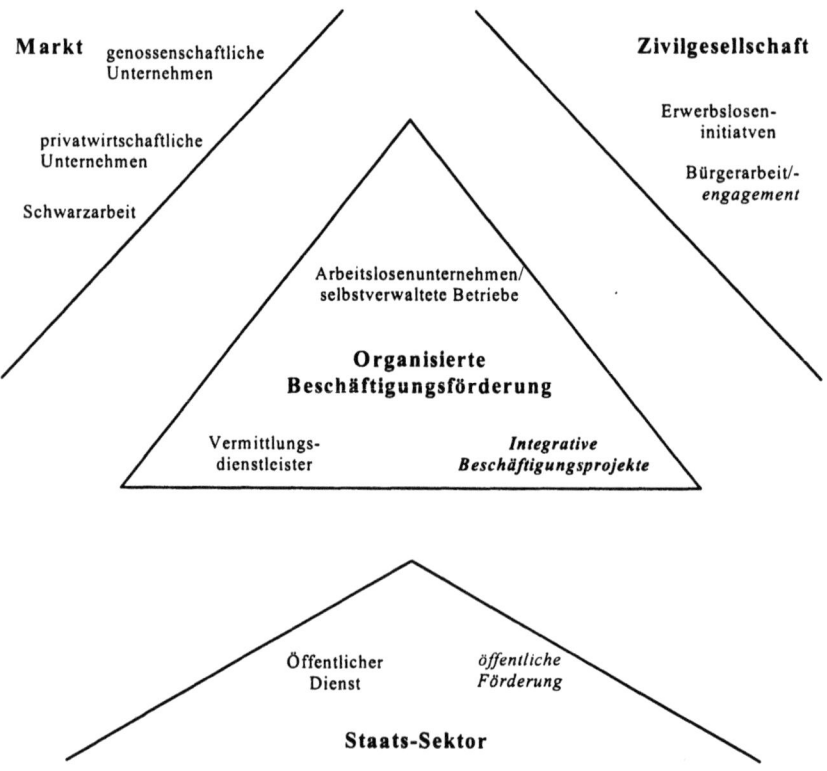

Aufstellung in Anlehnung an Schmid 2001 (in einigen Punkten verändert)

Die auf diese Weise entstehende Sphäre *integrativer* Beschäftigungsförderung ist dabei zu unterscheiden von (ausschließlich) durch Erwerbslose selbstorganisierten Projekten einerseits und den im weiteren Verlauf entstehenden, marktorientierten

Vermittlungsdienstleistern[11] andererseits. Wie lassen sich diese verschiedenen Organisationen in der gegenwärtigen Arbeitsgesellschaft lokalisieren? Eine grobe Verortung wird in Schema 1 vorgenommen: Es illustriert, dass organisierte Beschäftigungsförderung in einem spezifischen institutionellen und sozialen Raum stattfindet, der mit verschiedenen gesellschaftlichen Sphären verbunden ist. Was die mit *integrativer* Beschäftigungsförderung befassten Organisationen betrifft (siehe die kursiv gesetzten Komponenten des Schemas), so unterhalten diese besonders enge Beziehungen zu staatlichen Instanzen – v.a. über den Mechanismus der *öffentlichen Förderung*. Wie noch zu zeigen sein wird, spielen in ihrem Reproduktionsprozess aber auch Momente *zivilgesellschaftlichen Engagements* sowie in begrenztem Umfang auch Beziehungen zu Marktumwelten eine Rolle.

Im Folgenden soll die Entwicklung des Organisationsfelds in Deutschland grob rekonstruiert und in den allgemeinen historischen und gesellschaftlichen Kontext eingeordnet werden. In einem weiteren Schritt werden die sich in den 1990er Jahren verfestigenden Strukturen des Organisationsfelds umrissen. Daran anknüpfend kommen die gegenwärtig bestehenden institutionellen Grundlagen organisierter Beschäftigungsförderung zur Darstellung. Abschließend erfolgt ein Exkurs zur Entwicklung des Organisationsfelds in anderen europäischen Ländern: Dieser Blick über den Tellerrand der deutschen Verhältnisse soll veranschaulichen, wie die Praxis von Beschäftigungsförderungsbetrieben in unterschiedlicher Weise institutionell und kulturell geprägt ist bzw. geprägt sein kann.

1.1 Die Entwicklung des Organisationsfelds und seiner Regulierung: ein Überblick

Die Geschichte der organisierten Beschäftigungsförderung ist durchaus bewegt. Die Gründungswelle von Organisationen, die zum Zweck der Schaffung „alternativer" Berufs(wieder)eingliederungs- und Beschäftigungsmöglichkeiten auf dem sog. zweiten Arbeitsmarkt entstanden sind, erreichte in den 1980er Jahren ihren Höhepunkt (in Ostdeutschland gab es eine weitere Hochphase nach der „Wende"). Danach ist die Gründereuphorie signifikant abgeflaut, doch ungeachtet dessen hatten sich in den 1990er Jahren eine Vielzahl von Beschäftigungsgesellschaften, Beschäftigungsinitiativen, Jugendwerkstätten und (anderen) Sozialunternehmen im deutschen Sozialsektor fest etabliert. Allerdings durchliefen die Ansätze, Routinen und Programme dieser Organisationen z.T. einschneidende Wandlungsprozesse – wobei die Veränderungen in vielerlei Hinsicht denen ähneln, die in anderen Teilen des Sozial- bzw. Nonprofitsektors zu verzeichnen waren (Bode 2004, Anheier/Freise

---

[11] Vermittlungsdienstleiser sind Organisationen, die gewerblich oder in gemeinnütziger Trägerschaft ausschließlich Aufträge zur Heranführung von Langzeitarbeitslosen an Beschäftigung im Ersten Arbeitsmarkt übernehmen. Bekanntestes Beispiel ist das niederländische Unternehmen „Maatwerk", im Zuge der neuen Arbeitsmarktpolitik sind darüber hinaus zahlreiche kleine Organisationen auch aus dem ursprünglichen Bereich der integrativen Beschäftigung in diesem Segment aktiv geworden.

2004). Das hat nicht zuletzt mit Umbrüchen in Sozialstaat und Zivilgesellschaft zu tun, wie nachfolgend näher erläutert wird.

Die *Gründungsphase* von Beschäftigungsförderungsbetrieben war in hohem Maße von Initiativen aus dem Dunstkreis der sog. Neuen sozialen Bewegungen geprägt. Angesichts der aufkommenden Arbeitsmarktkrise und der Zunahme von jungen Menschen ohne (Chancen auf) Berufsqualifizierung bildeten sich aus Gemeinwesen- und Sozialarbeitskontexten heraus verschiedene Konzepte für eine autonom organisierte Berufsvorbereitung sowie für experimentelle Arbeits(integrations)projekte (Reisch 2001). Es entstanden verschiedenartige Initiativen, wobei einige von ihnen anstrebten, alternative Formen des Lernens und Arbeitens sowie der Güter- und Dienstleistungsproduktion auf Dauer zu stellen und marktfähig zu machen. Aus diesen häufig in Groß- oder Universitätsstädten angesiedelten Initiativen ging in der Tat eine Reihe von Unternehmen hervor, die sich als alternative Betriebe im kommerziellen Sektor etablieren konnten. Diejenigen Initiativen, die soziale Zwecke priorisierten, suchten hingegen Möglichkeiten der öffentlichen Unterstützung und entwickelten sich dezidiert zu Beschäftigungsförderungsbetrieben. Bald wurden sie von lokalen und überregionalen Instanzen der Arbeits- und Sozialverwaltung alimentiert. Damit wuchs der Einfluss politisch-administrativer Umwelten auf die Praxis der Organisationen, wobei öffentliche Mittel zu diesem Zeitpunkt im Wesentlichen als pauschale Förderung flossen.

Wie im übrigen Sozialsektor auch, erfolgte die Finanzierung der „Integrationarbeit" von Beschäftigungsförderungsbetrieben im Rahmen dessen, was sich als keynesianisch-korporatistische Partnerschaft (auch bekannt als „Modell Deutschland") bezeichnen lässt: Die öffentliche Hand reklamierte für sich (noch) die Rolle eines aktiven Korrektivs von Wirtschaftsprozessen und setzte zu diesem Zweck auf verbindliche Vereinbarungen mit nicht-staatlichen Akteuren und Organisationen. Die relativ vorbehaltlose Finanzierung sozialer Organisationen war integraler Bestandteil dieser Partnerschaft, die im Organisationsfeld der Beschäftigungsförderung auf dem Konzept des zweiten Arbeitsmarkts beruhte: Neben klassischen Beschäftigungsverhältnissen in öffentlichen und privaten Betrieben sollte es bezahlte Arbeitsmöglichkeiten in befristeten Projekten parastaatlicher und gemeinnütziger Träger geben, durch die bislang unbefriedigte (und nicht marktgängige) Bedürfnisse abzudecken waren. Das wesentliche Ziel bestand darin, die (noch immer) als vorübergehend interpretierte Erwerbslosigkeit sozial *und* infrastrukturpolitisch sinnvoll abzudämpfen. Unter diesen Bedingungen verfügten Beschäftigungsförderungsbetriebe – wie andere Träger des Sozialsektors auch – über vergleichsweise große Bewegungsspielräume etwa im Bereich der Selbstorganisation oder der (advokatorischen) Vertretung politischer Interessen und Konzepte. Alles in allem blieb also die sich in dieser Periode vollziehende Formierung des Organisationsfelds stark durch die Impulse der neuen sozialen Bewegungen geprägt.

In einer zweiten Periode, die in den 1980er Jahren begann, vollzog sich die *Etablierung der Beschäftigungsförderungsbetriebe im Sozial- bzw. Nonprofitsektor.* Ähnlich wie in anderen Segmenten der „Bewegungsszene" setzte ein Prozess der sukzessiven Institutionalisierung ein (Bode 2000). Schillernder Ausdruck dieser Entwicklung war der Einzug grün-alternativer Kräfte in kommunalpolitische Gremien und Behörden. In gewisser Weise wurde das Bewegungsmilieu dadurch selbst zum Bestandteil des Wohlfahrtskorporatismus; seine Projekte erhielten Zugriff auf öffentliche Gelder und verschafften sich zunehmend öffentliche Anerkennung, zumal bei sozial engagierten, höher gebildeten Mittelschichten. Für die weitere Profilierung des Organisationsfelds war dann aber v.a. von Bedeutung, dass nun verstärkt die traditionellen Akteure der lokalen Sozialpolitik intervenierten. Vor dem Hintergrund eines hohen Bedarfs an Transferleistungen für Personengruppen, die nur schwer in Beschäftigung vermittelt werden konnten, und angesichts der begrenzten Wirkung zentralstaatlicher Fördermaßnahmen waren die *Kommunen* zunehmend mit finanziellen und sozialen Folgelasten konfrontiert worden. Sie entwickelten deshalb eigene Aktivitäten zur Bekämpfung der Langzeitarbeitslosigkeit – Beschäftigungsmaßnahmen für arbeitslose Sozialhilfeempfänger, zunehmend aber auch personengebundene Lohnsubventionen zu Gunsten von Beschäftigungsförderungsbetrieben (Deml 2000, Schulze/Böing 2002, Schönig 2003). Dabei sollte nicht unerwähnt bleiben, dass zahlreiche Kommunen mit dem Abbau regulärer städtischer Arbeitsplätze begannen, von denen bislang ein beträchtlicher Anteil von Personen mit geringer Beschäftigungsfähigkeit („employability") besetzt war. Gleichzeitig entstanden Beschäftigungsprojekte auch im Bereich der freien Wohlfahrtspflege (vgl. u.a. Schmid/Schulz 2000). Die Wohlfahrtsverbände konzentrierten sich dabei vielfach auf Maßnahmen, die auf von Armut bedrohte Zielgruppen zugeschnitten waren.

Damit bildeten sich quasi-institutionalisierte Kooperationen für lokale Arbeitsmarktpolitik. Teilweise führten diese Kooperationen zur gemeinsam abgestimmten Gründung kommunaler Beschäftigungsgesellschaften – nicht selten unterlagen sie der „Aufsicht" von Gremien, in denen lokale Vertreter von Gewerkschaften und Wohlfahrtsverbänden präsent waren (Heinrichs/Hild 1995). Anders als die „Pioniere" des Organisationsfelds ging es diesen kommunalen und auch den wohlfahrtsverbandlich gebundenen Einrichtungen nicht mehr zwingend um alternative Formen des Arbeitens und Lernens oder die Kreierung neuer Produkte und Dienste in der lokalen Ökonomie. Die Zielorientierung war diffuser, der sozial(politisch)e Zweck dominierte. Die Institutionalisierung der Bewegungsdynamik einerseits und der Eintritt traditionellerer Akteure in das Organisationsfeld andererseits veränderten mithin dessen Konturen. Diese Entwicklung ist auch vor dem Hintergrund zu sehen, dass der Wohlfahrtskorporatismus im Verlaufe der 1980er Jahre auf nationaler und lokaler Ebene zunehmend unter Bedingungen post-keynesianischer Austerität operierte. Die Interventionsrolle der öffentlichen Hand wurde in Frage gestellt, ihre finanziellen Spielräume schwanden (nicht zuletzt im Gefolge entsprechender steuerpolitischer Weichenstellungen). Damit waren der weiteren Expansion des Organisationsfelds klare Grenzen gesetzt, auch wenn Arbeits- und Sozialverwaltung weiterhin (aus heutiger Sicht) relativ großzügig Beschäftigungsmaßnahmen finanzierten.[12] Der zweite Arbeitsmarkt wurde nun aber zunehmend als temporäres Auffangbecken für im Beschäftigungssystem benachteiligte Personengruppen begriffen: es ging immer mehr um „Maßnahmen" und immer weniger um alternative Beschäftigung. Langsam wurde auch die materielle Unterstützung der Träger spärlicher – so wurden beispielsweise Investitionszuschüsse zunehmend aus den Förderbescheiden gestrichen. Zudem gab es Abschläge bei den Entgeltregelungen für Teilnehmer von Arbeitsbeschaffungsmaßnahmen, die nun mehr unter Tarif entlohnt wurden.

Der Sonderfall Ostdeutschlands

Der Begriff der Beschäftigungsförderungsbetriebe bzw. Beschäftigungsgesellschaften wird in der öffentlichen Diskussion vielfach mit in Ostdeutschland entstandenen Unternehmen und Einrichtungen assoziiert. Dies ist insofern nachvollziehbar, als gerade hier zuweilen Betriebe gegründet wurden, die zeitweise 1000 und mehr Personen beschäftigten. Die Entwicklung der Beschäftigungsförderung trägt in Ostdeutschland sowohl hinsichtlich des Zeitverlaufs als auch im Hinblick auf die Art der involvierten Betriebe besondere Züge (in Schema 3 markiert durch die kursiv gedruckten Zeilen). Nach dem Beitritt der DDR zum Bundesgebiet im Jahre 1990 war es ein zentrales sozialpolitisches Anliegen, die Folgen der massiven Deindustrialisierung in den neuen Bundesländern abzudämpfen und rasch für neue (Übergangs-)Beschäftigung zu sorgen. Insofern erfuhr das, was oben als keynesianischer Korporatismus bezeichnet wurde, noch einmal eine späte regionale Renaissance. Die v.a. über den sog. Solidaritätszuschlag finanzierten hohen West-Ost-Transfers öffentlicher Mittel wurden nicht zuletzt für arbeitsmarktpolitische Fördermaßnahmen verwendet. Entsprechend entstanden östlich der Elbe zügig eine große Zahl von Maßnahmenträgern mit z.T. spezifischen Rechtsstrukturen (z.B. in Eigentümerschaft von Tarifparteien). Es ging dabei um Kulturarbeit und ökologische Sanierung, aber auch die zeitweise Fortführung nicht marktfähiger Produktionslinien (Heinelt et al. 1994, Birkhölzer/Lorenz 2001). Angesichts der zunächst großzügigen Förderpraxis kamen auch „avantgardistische" Sozialprojekte zum Zuge (s.u. den Fall des Senioren-Vereins). Dabei spielten auch zivilgesellschaftlich engagierte Akteure aus dem Umfeld der ehemaligen DDR-Opposition eine wichtige Rolle. Insofern gab es auch hier Bewegungsimpulse im Organisationsfeld. Gleichzeitig besetzten im Westen mit zivilgesellschaftlicher Rückbindung etablierte Organisationen zunehmend ostdeutsches Terrain. Einige der o.g. großen Beschäftigungsgesellschaften wurden unter maßgeblicher Beteiligung von Gewerkschaftsfunktionären gegründet und verwaltet. Wohlfahrtsverbandliche Träger traten ebenfalls in Erscheinung. Im weiteren Verlauf „institutionalisierte" und „normalisierte" sich das Organisationsfeld dann auch in Ostdeutschland. Das Fördervolumen wurde – im Zuge einer (ost)spezifischen Austeritätspolitik – zurückgefahren und zunehmend maßnahmeorientiert verwaltet (Walter 2004). Zwar blieb es auf deutlich höherem Niveau als im Westen – die Anforderungen an die Arbeit von Beschäftigungsförderungsbetrieben passten sich jedoch den westdeutschen Verhältnissen sukzessive an.

---

[12] Zu den großen Trends der öffentlichen Beschäftigungsförderung über die letzten beiden Jahrzehnte hinweg vgl. auch Schmid (2002:280ff).

Im Verlauf der 1990er Jahre setzte eine dritte Entwicklungsphase ein. Es begann das *Zeitalter der „Normalisierung"* in dem Sinne, dass die Praxis von Beschäftigungsförderungsbetrieben zunehmend durch regulative Normen von Arbeits- und Sozialverwaltung dominiert wurde, während die informelle Eigen- bzw. Bewegungsdynamik der Organisationen, auch im Hinblick auf zivilgesellschaftliches Engagement, deutlich an Schwungkraft einbüßte. Wie in anderen Bereichen des „alternativen" Sozialsektors auch, machte sich ein Trend zur Durchprofessionalisierung der Organisationspraxis bemerkbar. Lose gekoppelte Formen organisationaler Selbststeuerung („Basisdemokratie") verloren an Bedeutung und an die Stelle freiwilliger Aktivisten traten angestellte Praktiker. Allgemein ging der freiwillige Input in die Organisationen deutlich zurück. Das zivilgesellschaftliche Moment erfuhr damit einen durchgreifenden Wandel: Es wurde in die Berufspraxis von Professionellen integriert und wirkte nun mehr eher als Katalysator politischer Vernetzung im lokalen Terrain.[13] Gleichzeitig veränderte sich der institutionelle Kontext: Vor dem Hintergrund einer neuen arbeitsmarktpolitischen Interventionsphilosophie ging es zunehmend darum, alle Maßnahmen der Beschäftigungsförderung am Ziel der schnellst möglichen Vermittlung in Beschäftigung gleich welcher Art auszurichten. Das, was in Beschäftigungsförderungsbetrieben praktisch zu geschehen hatte, wurde immer mehr allein unter dem Aspekt beurteilt, ob es die „employability" der Geförderten kurzfristig erhöht und diesem Vermittlungsziel dienlich war.

Dies alles vollzog sich im Rahmen des bereits in der Einleitung umrissenen wohlfahrtsstaatlichen Paradigmenwechsels hin zum „New Public Management" auch im Bereich der Arbeitsmarktpolitik (Trube 2001). Der alte Korporatismus hatte nun endgültig ausgedient. Die institutionellen Kooperationspartner von Beschäftigungsförderungsbetrieben veränderten sukzessive ihr Rollenverständnis und legten vielerorts einen neuen Umgangsstil an den Tag. Nicht zufällig traten nun auch gewerbliche Unternehmen in das Organisationsfeld ein: Im Bereich der Berufsvorbereitung und der Heranführung an „reguläre" Beschäftigung wurden sie zunehmend zu Konkurrenten der Beschäftigungsförderungsbetriebe (Helbig 2001:33ff). Wie anderswo im Nonprofitsektor auch wurden Beziehungen zu institutionellen Akteuren (z.B. über die Ausschreibung von Maßnahmen) und auch zu Maßnahmenteilnehmern (die offiziell nun als „Kunden" gelten, die bezüglich der Maßnahmenanbieter Wahlrechte genießen) „vermarktlicht". Im lokalen Terrain kristallisierte sich vielerorts eine wettbewerbliche Ordnung heraus, was zahlreiche Träger der Beschäftigungsförderung dazu veranlasst hat, sich als quasi-kommerzielle Dienstleister zu definieren oder wenigstens zu inszenieren – eine Tendenz, die sich mit den zwischen 2002 und 2004 verabschiedeten Hartz-Gesetzen zu verstetigen und in bestimmter Hinsicht zu radikalisieren scheint (siehe unten).

---

[13] Vgl. zum dynamischen Zusammenhang zwischen zivilgesellschaftlicher Beteiligung und Beschäftigung im „Dritten Sektor" auch Bode/Graf (2000) sowie die Diskussion über Facetten zivilgesellschaftlicher „Involvierung" im folgenden Kapitel.

1.2 Strukturen des Organisationsfelds heute

Beschäftigungsförderungsbetriebe erscheinen heute – auf den ersten Blick – als vergleichsweise unauffälliger Teil des sozialadministrativen Apparats des Wohlfahrtsstaats. Sie erhalten Aufträge von Sozial- und Arbeitsämtern und führen Maßnahmen mit Sondermitteln aus EU-Fonds oder auch aus Landesprogrammen durch. Spätestens seit Beginn der oben umrissenen dritten Entwicklungsphase in den 1990er Jahren scheint das, was heute noch vom Organisationsfeld übrig geblieben ist, kaum mehr als eine Unterabteilung der Arbeits- und Sozialverwaltung, die kleine Module von Berufs(wieder)eingliederungsprogrammen nach Maßgabe durchstandardisierter Auflagen exekutiert und sich in dieser Funktion „gesundschrumpft".

Dennoch: Es gibt (im Jahre 2004) noch immer eine große Anzahl von Beschäftigungsförderungsbetrieben mit sehr unterschiedlichem Zuschnitt. Eine schriftliche Befragung bei 300 solcher Organisationen, die im Rahmen des dieser Studie zugrunde liegenden (in der Einleitung umrissenen) Forschungsprojekts durchgeführt wurde, verweist auf eine große Vielfalt von Trägerstrukturen, Operationsfeldern und Handlungsansätzen.[14] Ohne den im Weiteren präsentierten Fallstudien zu weit vorweg greifen zu wollen: Beschäftigungsförderungsbetriebe sind auch heute häufig *mehr* als ein schlichtes Vollzugsorgan der Arbeitsmarkt- und Sozial(hilfe)politik. Wenngleich institutionelle Vorgaben den Bewegungsspielraum der Träger stark eingrenzen, so handelt es sich bei diesen doch um potenziell eigenständige Organisationen. So zeigen die Befunde der o.g. Befragung, dass Beschäftigungsförderungsbetriebe durchaus und in vielfältiger Weise wirtschaftlich tätig sind. Überdies unterhalten sie vielfältige Beziehungen zum lokalpolitischen Umfeld sowie zu zivilgesellschaftlichen Akteuren. Damit korrespondieren multiple Zielkonstellationen: Es geht *immer auch* um Armutsbekämpfung, um die Erweiterung des (lokalen) sozialen und kulturellen Dienstleistungsangebots, um die Förderung der (regionalen) infrastrukturellen und wirtschaftlichen Entwicklung oder die Vertretung spezifischer Klientele bzw. sozialpolitischer Ziele. Dies geschieht durch die Mitwirkung in politischen Netzwerken und in aktiver – z.T. öffentlicher – Auseinandersetzung mit der lokalen Sozialpolitik bzw. der nationalen Gesetzgebung. Die Träger nehmen Einfluss auf örtliche Sozial- und Arbeitsämter, bemühen sich um das Design neuer Integrationsprogramme und versuchen, die Perspektiven spezifischer Zielgruppen zu thematisieren.

Mit dieser Zielvielfalt korrespondiert ein pluraler Ressourcenhaushalt. Beschäftigungsförderungsunternehmen operieren zumindest teilweise als eigenständig wirtschaftende Organisationen und erzielen Erlöse an Produkt- und Dienstleistungsmärkten. Auch und gerade insofern handelt es sich bei ihnen nicht einfach um eine

---

[14] Vgl. zu dieser Vielfalt im Einzelnen die Befunde der Befragung, wie sie in Evers/Schulz (2004) zusammengefasst worden sind. Einige dieser Befunde werden auch im vierten Kapitel angesprochen.

Dependance der Sozial- und Arbeitsmarktverwaltung. Die Mobilisierung materieller und v.a. immaterieller Ressourcen erfolgt nicht selten über eine Vernetzung mit Wirtschaftsvertretern, Vereinen und Verbänden. Vielfach stellt ein Solidaritätsakt von „stakeholdern" wie Kommunen, Kirchen oder Gewerkschaften oder Kammern die wesentliche identitätsstiftende Energiequelle zumindest im Gründungsprozess von Beschäftigungsförderungsbetrieben dar. Das verweist auf informelle bzw. intangible Tauschtransaktionen zwischen diesen Organisationen und ihren Umwelten; ein solche Transaktionen einschließendes „plurales" Management von Umweltbeziehungen ist insofern ein Charakteristikum von Beschäftigungsförderungsbetrieben. Gewiss variieren solche Beziehungen wie auch die Ziel- und Ressourcenvielfalt innerhalb des fraglichen Organisationsfelds und im Zeitverlauf; dennoch darf die *eigenständige (sozial-)unternehmerische Dimension organisierter Beschäftigungsförderung* nicht übersehen werden.[15]

Cum grano salis kann das Organisationsfeld horizontal (also im Hinblick auf Betriebstypen) in vier Segmente unterteilt werden. Bei dieser Typisierung ist zu berücksichtigen, dass Behindertenwerkstätten und ähnliche Einrichtungen ausgeblendet bleiben, weil für sie ein besonderes Reglement sowie spezifische Trägertraditionen wesentlich sind. Unterscheiden lassen sich demnach kommunale Beschäftigungsgesellschaften, kleine und größere lokal selbständige Initiativen in Vereinsformen, Beschäftigungsförderungsbetriebe in Trägerschaft der Wohlfahrtsverbände und „Soziale Betriebe" (ein institutionelles Label aus Sonderprogrammen einiger Bundesländer):

- Kommunale Beschäftigungsgesellschaften entwickelten sich v.a. in den 1980er Jahren zu relativ mächtigen „Playern" im Organisationsfeld. Hintergrund war u.a. der Anstieg erwerbsloser Sozialhilfeempfänger. Die Tätigkeit ihrer Klientele richtet(e) sich meist an Bedarfen im lokalen Gemeinwesen – typisch sind Gartenbau, Spielplatzsanierung oder auch bestimmte handwerkliche Dienste.
- Arbeitsmarktpolitische Projekte von Wohlfahrtsverbänden sind relativ zahlreich und vielfältig. Vielfach konzentrieren sie sich auf besonders benachteiligte Personengruppen mit multiplen Problemlagen. Charakteristisch für sie sind Tätigkeiten im Bereich der Recycling-Ökonomie; andere Projekte ähneln denen der kommunalen Träger.
- Im Falle kleinerer Beschäftigungsinitiativen in Vereinsform sind arbeitsmarktpolitische Beschäftigungsinstrumente häufig dezidiert mit anderen kulturellen, sozialen und gesellschaftlichen Zielen verknüpft (worden). Beschäftigungsförderung ist gerade hier häufig nicht der Endzweck der Initiativen. Typisch sind

---

[15] Wie in der Einleitung bereits kurz angesprochen, sind in dem dieser Studie zugrunde liegenden Forschungsprojekt Beschäftigungsförderungsbetriebe als „soziale Unternehmen" konzipiert worden, die soziale Ziele, wirtschaftlich-unternehmerisches Handeln und zivilgesellschaftliche Rückbindung miteinander verkoppeln (vgl. dazu Bode et al. 2004a, 2004b). Auch wenn (zumal in der deutschen Szenerie) diese drei Komponenten mit stark unterschiedlichem Gewicht versehen sind und die sozialpolitische Einbettung dominiert, sollte man die übrigen Dimensionen nicht aus den Augen verlieren.

Konstellationen, in denen freie Kulturinitiativen oder Umweltprojekte Langzeitarbeitslose in ihre allgemeine Arbeit einbinden und damit gleichsam beiläufig deren (Re-)Integration in das lokale oder stadtteilbezogene Leben befördern.
- Soziale Betriebe existieren in mehreren Bundesländern auf der Basis landespolitischer Förderprogramme zur Existenzgründung. Ziel der Programme ist es, durch die Initiierung und Förderung in der Gründungsphase für Langzeitarbeitslose einen Arbeitsplatz direkt auf dem ersten Arbeitsmarkt zu schaffen. Derartige Betriebe haben allerdings nur eine geringe quantitative Bedeutung erlangt, außerdem verlieren sie bei formaler Betrachtung ihre integrative Zweckbestimmung nach wenigen Jahren (sie sind deshalb für das Weitere zu vernachlässigen).

Zu beachten ist, dass Beschäftigungsförderungsbetriebe teilweise in Holdingstrukturen eingebunden sind, so dass sie als Teil eines Netzwerkes operieren, in dem unterschiedliche Organisationsansätze, „governance"-Strukturen und Rechtsformen koexistieren. Insbesondere bei höheren Beschäftigtenzahlen sind sie z.B. als gemeinnützige GmbH operativ aus diesen Holding-Strukturen ausgelagert worden – was in bestimmten Fällen der Überwindung rechtlicher Restriktionen dient, wie sie gemeinnützigen Organisationen im Hinblick auf ihre wirtschaftliche Aktivitäten auferlegt sind.

1.3 Der institutionelle Rahmen heute

Angaben der oben genannten Befragung von deutschen Beschäftigungsförderungsbetrieben zu Folge spielen institutionelle Regeln und Finanzierungsmodalitäten für das Organisationsfeld eine fundamentale Rolle (vgl. Evers/Schulz 2004). Einrichtungen der organisierten Beschäftigungsförderung bewegen sich in einem spezifischen, aber plural strukturierten, institutionellen Rahmen. Das Gros ihrer Tätigkeit besteht nach wie vor in der Durchführung von Maßnahmen, wie sie durch das Arbeitsförderungsgesetz und die Sozialhilfegesetzgebung geregelt sind. Hinzu kamen in der Vergangenheit Maßnahmen- bzw. Förderprogramme der Europäischen Union sowie der Bundesländer (Schmid/Blancke 2001, Walter 2004).

Viele Träger nutzen Finanzhilfen der *Bundesagentur für Arbeit* (BA). Dazu zählen die klassischen Arbeitsbeschaffungsmaßnahmen (ABM), deren Volumen in den letzten Jahren allerdings deutlich zurückgefahren worden ist (vgl. Schema 2).[16] Solche Maßnahmen müssen (in der Regel) einen gemeinnützigen Charakter aufweisen und dürfen nicht mit bestehenden Beschäftigungsverhältnissen konkurrieren; ein kleiner Teil der Lohnkosten muss durch die Träger selbst erwirtschaftet werden. Die gezahlten Entgelte liegen unter denen, die für vergleichbare Tätigkeiten in der „Normalwirtschaft" gezahlt werden. In Ostdeutschland konnten ABM – mit der

---

[16] Im Jahre 2004 war im Osten allerdings ein leichter Anstieg zu verzeichnen. Mitte 2004 gab es ca. 115.000 ABM-Stellen in Gesamtdeutschland.

Bezeichnung Strukturanpassungsmaßnahmen (SAM) – lange Zeit unter großzügigeren Bedingungen durchgeführt wurden. Neuerdings gibt es – allerdings in vergleichsweise geringem Umfang – sog. „Beschäftigung schaffende Infrastrukturmaßnahmen". Beschäftigungsgesellschaften haben zudem Zugriff auf die sog. freie Förderung der Arbeitsverwaltung erhalten – die Arbeitsämter als unterste Instanz der Bundesagentur verfügten ab 1998 über dezentral disponierbare Mittel zur Förderung von Projekten in Eigenregie, was – obwohl das Programmvolumen in den Folgejahren ebenfalls stark geschrumpft ist – vielfach auch Beschäftigungsförderungsbetrieben zu Gute kam. V.a im Rahmen besonderer Jugendprogramme sind zudem zeitweise Qualifizierungsmodule zur Förderung beruflicher Basiskompetenzen bzw. zu Zwecken der Berufsvorbereitung durch Mittel der Arbeitsverwaltung finanziert worden. Eingliederungszuschüsse und reine Weiterbildungsmaßnahmen spielen für Beschäftigungsförderungsbetriebe hingegen kaum eine Rolle.

Schema 2: *Förderprogramme der Bundesagentur für Arbeit (bis Ende 2003)*

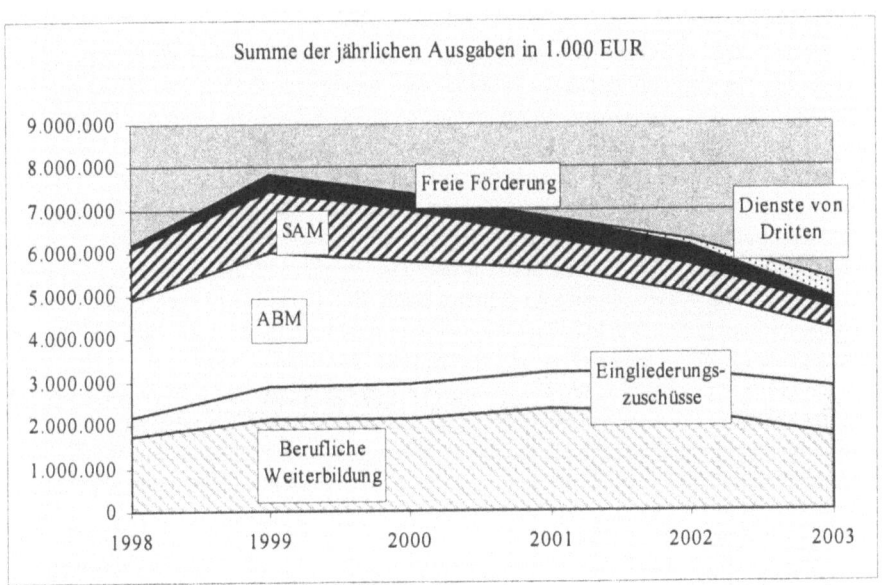

Quelle: Bundesagentur für Arbeit

Schon seit geraumer Zeit hängen die genannten Förderungen stärker davon ab, ob Beschäftigungsprojekte eine größere Zahl von Maßnahmenteilnehmern in den ersten Arbeitsmarkt vermitteln. Dies entspricht der allgemein vorherrschenden Konzentration des arbeitsmarktpolitischen Instrumentariums auf die Verringerung der

Zahlen offener Stellen bzw. der Fluktuations- und Wiederbesetzungszeiträume auf dem (ersten) Arbeitsmarkt. Die an nicht-staatliche Träger vergebenen Fördermaßnahmen sind immer unmittelbarer auf potenzielle Beschäftigungsmöglichkeiten im gewerblichen Arbeitsmarkt zugeschnitten worden: Es geht immer mehr um Profiling, Kurzqualifizierung und „Berufseingewöhnung" und immer weniger um die Ermöglichung einer allgemeinen Arbeitserfahrung inerhalb längerfristiger Beschäftigungsmaßnahmen. Dabei ist der Trägerwettbewerb intensiviert und um private Vermittlungseinrichtungen erweitert worden (die entsprechenden BA-Mittel entsprechen in Schema 2 den „Diensten von Dritten"). Seit Ende der 1990er Jahre wird überdies der Zugang zu Fördermaßnahmen, die für Personengruppen mit besonderen Vermittlungshemmnissen besonders geeignet sind, zunehmend erschwert (vgl. Lenninger/Schulz 2003). Entsprechend sinken die Teilnehmerzahlen an Maßnahmen der öffentlich geförderten Beschäftigung und Weiterbildung. Kurzum: Die Herstellung von Beschäftigungsfähigkeit bzw. „employability" im real existierenden Arbeitsmarkt ist zum „non plus ultra" staatlicher Interventionen geworden – was im Übrigen auch den beschäftigungspolitischen Leitlinien der EU-Kommission sowie den Entwicklungen in vielen anderen Ländern Europas entspricht (Gazier 2001, Stecker 2004).

Gleichzeitig werden die Routinen der Arbeitsverwaltung von einem spezifischen Managementstil geprägt. Arbeitsämter beurteilen ihre Leistungsfähigkeit zunehmend daran, wie viele „Marktkunden"[17] sie wie schnell vermitteln. So spielen in der gegenwärtigen „Geschäftspolitik" der Bundesagentur für Arbeit die klassischen Maßnahmenklientele eine immer geringere Rolle. Der Vermittlungsorientierung dienen auch die im Zuge der sog. Hartz-Gesetze[18] geschaffenen, auf der Basis von Kopfpauschalen finanzierten, „Personal-Service-Agenturen", deren Ziel darin besteht, Erwerbslose in Probearbeitsverhältnisse bei privaten Arbeitgebern zu vermitteln. Träger dieser Agenturen können auch Beschäftigungsförderungsbetriebe sein – allerdings wurden bei der ersten Ausschreibungsrunde v.a private Anbieter berücksichtigt (mit wenig Erfolg, wie das Beispiel Maatwerk zeigt[19]).

Die meisten Beschäftigungsförderungsbetriebe nutzen zudem seit vielen Jahren Mittel aus *kommunalen Sozialhilfeetats* (Schulze-Böing 2002). Im Jahr 2004 lag die Zahl der aus diesen Budgets finanzierten Maßnahmen bei schätzungsweise 300 - 400.000 Stellen. Insgesamt ist der Anteil der über Sozialhilfe geförderten Maßnah-

---

[17] „Marktkunden" sind diejenigen, die relativ gute Vermittlungschancen haben. Vielfach unterscheiden die Ämter darüber hinaus „Beratungs"- und „Betreuungskunden" – wobei ein Investment in letztere als am wenigsten effektiv gilt.

[18] Die Hartz-Gesetze gliedern sich in mehrere Komponenten (vgl. Trube/Wohlfahrt 2003, Wohlfahrt/Buestrich 2004, Jann/Schmid 2004): Hartz I und II dienten u.a. der Einführung von Minijobs und sog. Ich-AG's. Hartz III regelt den Umbau der Bundesanstalt für Arbeit und die Schaffung von Jobcentern, Hartz IV betrifft die Fusion von Arbeitslosenhilfe und Sozialhilfe sowie die damit verbundenen Implikationen in der lokalen Betreuung von Langzeitarbeitslosen, außerdem die Aufhebung von Zumutbarkeitsbeschränkungen für Arbeitsuchende.

[19] Vgl. dazu „Süddeutsche Zeitung" vom 17. und 18.2.2004 sowie „Die Zeit" vom 4.4.2004.

men an der gesamten öffentlichen Beschäftigungsförderung seit Ende der 1980er Jahre deutlich angewachsen. Die im Bundessozialhilfegesetz (BSHG) geschaffene Option der kommunalen „Hilfe zur Arbeit" bzw. der sozialhilfebasierten Finanzierung von Arbeitsgelegenheiten insbesondere für Jugendliche war von vielen Kommunen in wachsendem Maße aufgegriffen und zur Etablierung eines zunehmend elaborierten Interventionsinstrumentariums genutzt worden[20]: Dazu zählten Programme der Sozialanamnese bzw. des Profiling, integrierte Hilfeplanungen, Eingliederungsvereinbarungen, Fallmanagementsysteme und Maßnahmen der assistierten Arbeitssuche (vgl. auch Harks 2003). Die kommunale Beschäftigungspolitik schuf dabei institutionelle Räume zur praktischen Verknüpfung arbeitsmarktorientierter und sozialarbeiterischer Fördermaßnahmen. Gleichzeitig sorgte allerdings die sog. „Kommunalisierung der Arbeitsmarktpolitik" dafür, dass in Programmen der aktiven Arbeitsmarktpolitik immer niedrigere Entgelte gezahlt wurden. Zudem wurden die Integrationsprogramme organisatorisch desintegriert und in wachsendem Maße quasi-marktlich gesteuert: Beispielsweise begannen viele Kommunen, Fallmanagementaufträge an externe Auftragnehmer zu vergeben und diese auf der Grundlage erfolgter Vermittlungen zu honorieren, ohne sich um die Ausgestaltung der Eingliederungspraxis als solcher zu kümmern.

Mit den Hartz-Reformen wird die Betreuung des Integrationsparcours von Erwerbslosen sog. Jobcentern übergeben, die zur zentralen Schaltstelle der Förderpolitik vor Ort avancieren und die bislang in Sozial- und Arbeitsämtern getrennt vorgenommene Hilfs- und Kontrollleistungen bündeln. Ausgenommen sind etwa 70 Kommunen und Landkreise, die weiterhin – gleichsam in Kommission der Bundesagentur für Arbeit – eine eigene Infrastruktur für die Betreuung von Langezeitwerbslosen vorhalten. Die in den Jobcentern angesiedelten sog. „Arbeitsgemeinschaften" verfügen über Budgets für Eingliederungshilfen, die sie für eine lokal gesteuerte aktive Arbeitsmarktpolitik einsetzen können – wobei die Hilfen einer relativ engen Zweckbindung unterliegen (sie sollen nur gewährt werden, wenn sie unmittelbar die Arbeitsaufnahme befördern). Die Jobcenter sollen hier auf die Leistungen Dritter v.a. dort zurückgreifen, wo sie von ihnen eine vergleichsweise eng definierte Zuarbeit erwarten können (z.B. assistierte Arbeitssuche).[21] Gesetzlich

---

[20] Das Interesse der Kommunen an der Entwicklung eines eigenen Förderinstrumentariums (das z.T. dann auch in eigenen Beschäftigungsförderungsbetrieben eingesetzt wurde, s.u.) erklärte sich v.a. aus den steigenden Sozialhilfeaufwendungen. Es ging darum, Sozialhilfeempfänger durch Beschäftigungsprojekte befristet aus dem Leistungsbezug zu bringen und dann Lohnersatzeinkommensansprüche gegen die Bundesanstalt (heute: Bundesagentur) für Arbeit (BA) zu generieren. Im weiteren Verlauf waren die „Aktivierungsstrategien" auch darauf gerichtet, aus sozial- und haushaltspolitischen Gründen das brachliegende Arbeitspotenzial dieser Gruppe im kommunalen Kontext produktiv zu verwenden.

[21] Dabei gilt zu beachten, dass die Neufassung der entsprechenden gesetzlichen Regulierungen (Sozialgesetzbuch III) die Rolle freier Träger insofern verändert, als – anders als einst im Bundessozialhilfegesetz – nicht mehr davon die Rede ist, ihnen *vollständige Aufgaben* zu übertragen, sondern es nunmehr heißt, dass die Träger (der freien Wohlfahrtspflege) auf dem Gebiet der Arbeitsförderung von der öffentlichen Hand *unterstützt werden* sollen. Gleichzeitig sehen die Hartz-Reformen explizit

vorgeschrieben sind dabei Vereinbarungen über Inhalt, Kosten und Wirtschaftlichkeit (bzw. zu erreichende quantitative Maßnahmeneffekte) der zu erbringenden Leistungen. Die vielerorts im lokalen Terrain organisierter Beschäftigungsförderung gewachsene Alltroundorientierung der Förderpraxis, die Beratungen und Maßnahmen auch zu Zwecken eines allgemeinen „empowerment" bzw. der Persönlichkeitsentwicklung sozial Benachteiligter beinhaltete, wird ganz offensichtlich eingeschränkt. Der Managementstil der Bundesagentur für Arbeit scheint nun mehr im gesamten Organisationsfeld Platz zu greifen.

Was deren Förderprogramme betrifft, so ist das sog. „Fachkonzept zu berufsvorbereitenden Bildungsmaßnahmen" ein anschauliches Beispiel für die neue Marschroute öffentlicher Beschäftigungsförderung. Das im April 2004 verabschiedete Konzept sieht vor, dass besonders förderungsbedürftige und sozial benachteiligte Jugendliche nicht mehr an lokal konzipierten Beschäftigungsmaßnahmen teilnehmen, sondern ein standardisiertes Qualifizierungsprogramm mit zentral festgelegten Bausteinen durchlaufen. Dabei kommen – im Zuge eines an Anbieterpreisen orientierten Ausschreibungsverfahrens – systematisch private Maßnahmenträger zum Zuge. Im Bereich der städtischen Beschäftigungsförderung zeigt das Beispiel Hamburgs, wohin die Reise der kommunalen Projektförderung geht.[22] Durch projektbezogene, an Kopfzahlen bemessene pauschale Finanzierungen sowie Anreizsysteme für schnelle Vermittlungen mutieren Maßnahmenträger zu Dienstleistern, die durch wettbewerbsfähige Angebote und eine erfolgreiche Positionierung am Projektmarkt ihren Fortbestand in Eigenverantwortung managen sollen, Beschäftigungsförderungsprojekte im alten Stile dabei aber kaum noch durchhalten können.

Gleichzeitig lässt sich im Zuge der Hartz-Reformen eine gewisse Renaissance des Konzepts des zweiten Arbeitsmarkts beobachten, allerdings im Rahmen einer „*workfare*"-Philosophie, die die bereits seit geraumer Zeit formell im Bundessozialhilfegesetz festgeschriebene Option der Verpflichtung von Leistungsbeziehern zu gemeinnützigen Arbeiten institutionell aufwertet bzw. generalisiert. Mehrere Hunderttausend Personen sollen durch auf maximal sechs Monate befristete (und einmalig verlängerbare) sog. Ein-Euro-Jobs in einem Umfang von 30 Wochenstunden bei Kommunen und sozialen Organisationen geschleust werden, wobei den Anbietern dieser Arbeitsgelegenheiten eine Pauschalfinanzierung zur Durchführung von Betreuungs- und Vermittlungsmaßnahmen gewährt wird. Zwar gibt es Anzeichen dafür, dass solche Arbeitsgelegenheiten von Sozialleistungsempfängern durchaus freiwillig nachgefragt werden.[23] Auch haben die Wohlfahrtsverbände, die als haupt-

---

vor, dass bestehende Träger über Fallpauschalen für vermittlungsorientierte Hilfsangebote „eingekauft" werden sollen.

[22] Vgl. dazu die illustrative Fallstudie von Weberling (2003). In eine ähnliche Richtung verweisen Erfahrungen aus Berlin (vgl. Eick et al. 2004).

[23] Vgl. z.B. „Frankfurter Allgemeine Zeitung" vom 28.10.2004. Man kann indes nicht ausschließen, dass die Interessenten damit nur einer erwarteten (und von ihnen weniger beeinflussbaren) Zwangsmaßnahme vorgreifen woll(t)en. Andererseits ist zu berücksichtigen, dass in bestimmten Fällen – v.a. in Ostdeutschland – das hier erzielbare Kombi-Einkommen (Arbeitslosengeld II, Wohnungs-

sächliche Arbeitgeber der neuen Maßnahmengeneration gehandelt werden[24], signalisiert, dass sie „ungeeignete" Kandidaten nicht zur Aufnahme solcher Arbeitgelegenheiten veranlassen wollen, sondern Freiwilligkeit voraussetzen. All dies aber ändert atmosphärisch wenig am potenziellen Zwangscharakter der Maßnahmen.

Schema 3: *Dynamiken im Umfeld von Organisationen der Beschäftigungsförderung*

	Zivilgesellschaft	Wohlfahrtsstaat	Arbeitsmarktpolitik
Gründungsperiode	Neue soziale Bewegungen	Keynesianischer Korporatismus	Rekurs auf Beschäftigungsförderungsorganisationen zur Schaffung von Beschäftigung auf dem zweiten Arbeitsmarkt
* Ost-Deutschland	*Ostdeutscher „Avantgardismus" & zivilgesellschaftliche „Importe" aus dem Westen*	*Vereinigungsbezogener Staatsinterventionismus*	
Etablierung	Institutionalisierung der Bewegung(en) und neue Partnerschaften	Postkeynesianischer Korporatismus	Rekurs auf Beschäftigungsförderungsorganisationen zur Schaffung von Übergangsbeschäftigung bzw. „Maßnahmen"
* Ost-Deutschland	*Integration in West-Institutionen*	*Austeritätstrend der „Ostpolitik"*	
Normalisierung (Ost und West)	Professionalisierung	Postkorporatistischer Managerialismus	Rekurs auf Beschäftigungsförderungsorganisationen zur Optimierung von „employability" und Vermittlung
Trend			Workfare

---

und Heizkostenzuschuss sowie die Stundenvergütung) dem am Arbeitsmarkt für „bad jobs" gezahlten Lohneinkommen entspricht.

[24] Die Bundesarbeitsgemeinschaft der Freien Wohlfahrtspflege ging in einer Presseerklärung vom Dezember 2004 von zunächst 30.000 Ein-Euro-Jobs in ihrem Zuständigkeitsbereich aus. Dabei ist z.B. vorgesehen, Ein-Euro-Jobs für Erziehungseinrichtungen zu schaffen, um dort bestehende Betreuungsengpässe zu überwinden. Was den Pflegesektor anbelangt, so geht es nicht zuletzt um den Ersatz von Zivildienstleistenden.

Schon vor Inkrafttreten der letzten Stufe der Hartz-Reform hat die Beschäftigung von Sozialhilfeempfängern auf der Basis von Mehraufwandsentschädigungen (ein bis zwei Euro pro Stunde, zuzüglich der Sozialhilfe) eine wachsende Bedeutung erlangt – zu Lasten des in der klassischen Entgeltvariante abgewickelten Maßnahmevolumens. Zahlreiche Landkreise und Kommunen nutzten bestehende Kann-Regelungen und erzwangen eine entsprechende Beschäftigung unter Androhung des Sozialhilfeentzugs. Mitte 2004 gab es bereits mehr als 100.000 solcher Maßnahmen. Im Gefolge der Hartz-Gesetze, die die diesbezüglichen Sanktionsinstrumente flächendeckend institutionalisieren, dürfte sich diese Praxis des „fordernden" Förderns verallgemeinern. Die Gesamtdynamik der Entwicklung des Organisationsfelds ist in Schema 3 zusammengefasst. Zu berücksichtigen ist allerdings, dass hinsichtlich der jüngeren Entwicklungen noch nicht abzusehen ist, inwieweit diese für die organisierte Beschäftigungsförderung eine qualitativ neue Phase wohlfahrtsstaatlicher und arbeitsmarktpolitischer Einbettung einläuten.

1.4 Exkurs: Die Entwicklung des Organisationsfelds in Europa

Beschäftigungsförderungsbetriebe sind ein internationales Phänomen. Dabei operieren diese Betriebe in anderen europäischen Ländern teilweise unter Voraussetzungen, die ihren Charakter als integrative Organisationen sehr viel plastischer hervortreten lassen. Zu diesen Voraussetzungen gehören ein je besonderer institutioneller Rahmen, aber auch eine je spezifische Kultur des Organisationsfelds und der für dessen Entwicklung Ausschlag gebenden Akteure. Im Rückgriff auf einige Länderstudien[25] sowie Forschungsbefunde des dieser Studie zu Grunde liegenden europäischen Kooperationsprojekts lassen sich die Konturen der entsprechenden Organisationsfelder grob nachzeichnen und zugleich auf der Folie der deutschen Verhältnisse profilieren. Es wird deutlich, dass die Entwicklungsdynamiken sozialer Unternehmen im Bereich der Beschäftigungsförderung trotz insgesamt ähnlicher Wirtschafts- und Sozialordnungen variieren und von einer Reihe institutioneller bzw. kultureller Sonderfaktoren abhängen. Wenngleich sich bestimmte Wandlungstendenzen auch länderübergreifend zeigen, verweisen die ausländischen Erfahrungen darauf, dass sich die Entwicklung des Organisationsfelds in Deutschland unter *besonders restriktiven Umweltbedingungen* vollzogen hat.

Wie die vorliegenden Analysen illustrieren, haben die Beschäftigungsförderungsbetriebe in Europa eines gemeinsam: Sie sind in den meisten Fällen aus zivilgesellschaftlich strukturierten Kontexten heraus entstanden, wobei entweder traditi-

---

[25] Zu diesen Studien vgl. die Beiträge für Borzaga/Defourny (2001), Spear et al. (2002) sowie Bode et al. (2004b). Ferner sind in den Jahren 2002 und 2003 eine Reihe von sog. „EMES working papers" (s. emes.net) erschienen, die umfassende Länderberichte enthalten. Im Folgenden wird auf Einzelnachweise verzichtet. Die Ausführungen, die hier nur einen Überblickscharakter haben können, beziehen sich auf Befunde über Großbritannien, Irland, Belgien, Frankreich, Italien, Portugal, Spanien und Dänemark.

onelle Wohlfahrtsorganisationen oder aber neuartige Initiativen, häufig unter Federführung von Sozialarbeitern oder lokalen Bewegungsunternehmern, als Gründer in Erscheinung traten. Der Schwerpunkt der Gründungswelle lag auf den 1970er und 1980er Jahren; in einigen Ländern (Spanien, Portugal und Irland) sind Beschäftigungsförderungsbetriebe ein jüngeres Phänomen. Die organisatorischen Formen und institutionellen Bedingungen, unter denen die Träger sich entwickelt haben, erweisen sich als vergleichsweise buntscheckig. Gleichzeitig lässt sich in den meisten Ländern beobachten, wie die Unternehmen sukzessive (zumindest zeitweise) zu Trägern der aktiven Arbeitsmarktpolitik und auf diese Weise zu festen Größen im Sozial(wirtschafts)sektor geworden sind.

Bei grober Betrachtung lassen sich in Europa zwei Konstellationen unterscheiden. Zunächst gibt es eine Reihe von Ländern, in denen die Unternehmen einen *offiziellen institutionellen Status als Beschäftigungsförderungsbetriebe* erhalten haben und ihre „corporate identity" häufig auch danach ausrichten. Besonders typisch ist der Fall *Frankreichs*.[26] Die Impulse zum Aufbau der Betriebe gingen zunächst von diversen lokalen Initiatoren aus, häufig handelte es sich um Sozialarbeiter. Die neu geschaffenen Strukturen wurden dann zunehmend von der öffentlichen Hand in Gestalt von arbeitsplatzbezogenen Subventionen unterstützt, die allerdings um einiges niedriger ausfallen als die Lohnkostenzuschüsse, die die Arbeits- und Sozialverwaltung den Trägern in Deutschland gewährt. Gleichzeitig entstanden verschiedene Rechtsformen, die mittlerweile einem einheitlichen Rahmenreglement unterliegen, dem Konzept des sog. „entreprise solidaire".[27] Die geförderten Unternehmen müssen nicht zwingend in der Rechtsform des Vereins operieren. Es reicht aus, wenn ein Drittel der Belegschaft aus Personen mit schwerwiegenden Beschäftigungsproblemen besteht. Die Betriebe operieren meist in Marktnischen (u.a. im Bereich haushälterischer Dienste) oder auch als Subunternehmen für größere Firmen. Dabei erwirtschaften sie einen verhältnismäßig großen Teil ihrer Ressourcen an Produkt- und Dienstleistungsmärkten. In den letzten beiden Jahrzehnten ist das Organisationsfeld deutlich expandiert, mittlerweile ist es *als solches* durch die Arbeit nationaler Fachvereinigungen auch im politischen Raum präsent. Gleichzeitig erweist es sich als zunehmend wettbewerblich strukturiert. Es besteht zumindest teilweise Konkurrenzfreiheit, d.h. die Träger dürfen auch dort tätig werden, wo gewöhnliche Firmen ihre Leistungen anbieten. Zu beobachten ist die Bedeutungszunahme der schwerpunktmäßig für gewerbliche Kunden tätigen sozialen Verleihfirmen. Demgegenüber geht der Umsatz der gemeinnützigen Dienstleistungspools zurück. Schon seit einigen Jahren werden neue Eingliederungsunternehmen vor-

---

[26] Ähnliche – zumindest funktional äquivalente – institutionelle Voraussetzungen finden sich auch in Belgien, Portugal und Irland, auf regionaler Ebene auch in Spanien.

[27] Als Untertypen zu unterscheiden sind die Dienstleistungspools („Associations intermédiaires", gesetzliche Anerkennung 1987), die sozialen Zeitarbeits- bzw. Verleihfirmen („Entreprises de travail temporaire d'insertion", 1991) und die (von ihrer Anzahl her bedeutsamsten) sog. „Eingliederungsunternehmen" („entreprises d'insertion", 1992). Für die verschiedenen Betriebstypen bestehen unterschiedliche Konditionen der Arbeitsplatzsubventionierung.

nehmlich in kommerzieller Rechtsform gegründet; überdies ist es vielfach zu Ausgründungen gewerblicher Unternehmensteile gekommen. Allgemein wird über zunehmende „Creaming"-Tendenzen – also Neigungen der Träger, sich aus Kostengründen zuvorderst mit der am einfachsten (in den Normalarbeitsmarkt) zu reintegrierenden Klientel zu befassen – sowie einer hohen Anzahl wirtschaftlich prekärer Einrichtungen berichtet.

Der Fall *Italiens* steht für eine weitere Variante des gleichen Modells.[28] Hier bildeten sich in den 1980er Jahren sog. Sozialkorporativen, in denen Personen mit eingeschränkter Beschäftigungsfähigkeit und durchschnittliche Arbeitnehmer bei der Erstellung von Produkten und Dienstleistungen zusammenwirken. Der Gesetzgeber schuf im Jahre 1991 für diese Unternehmen eine eigene Rechtsform, die – sofern der Anteil der schwer Vermittelbaren in ihrer Belegschaft 30% erreicht – mit Sozialabgabenerleichterungen sowie (de facto) mit gewissen Ansprüchen auf ihre Berücksichtigung bei öffentlichen Ausschreibungen verbunden war. Die Unternehmen, die u.a. von lokalen kirchlichen Vereinigungen gegründet wurden, operieren mithin als normale Marktanbieter, erhalten aber einen gewissen Ausgleich dafür, dass sie schwer vermittelbare Arbeitskräfte (z.B. solche mit psychischen Problemen oder Strafentlassene) beschäftigen. Ihr operativer Schwerpunkt lag lange Zeit auf der Erbringung von Dienstleistungen im Auftrag öffentlicher Gebietskörperschaften. Die jüngere Entwicklung ist davon gekennzeichnet, dass diese Auftraggeber, nachdem sie den Kooperativen zunächst einen Vorrang auf relevanten Bieter-Märkten eingeräumt hatten, zunehmend härtere Konditionen stellen und die Bevorzugung der Beschäftigungsförderungsbetriebe in Frage stellen. Zudem wuchs der Wettbewerbsdruck auch in Tätigkeitsfeldern auf dem freien Markt (z.B. Gastronomie und Kleinhandwerk), so dass sich einige Kooperativen dazu veranlasst sahen, ihre Strukturen zu reorganisieren (u.a. zum Zwecke einer ISO-Zertifizierung) und die Verfolgung ihrer sozialen Ziele stärker auf aus dem Produktionsprozess ausgelagerte Integrations- und Schulungsprojekte zu verlagern.

Von Verhältnissen wie in Frankreich und Italien zu unterscheiden ist eine zweite Konstellation, in der soziale Unternehmen, die Personen mit geringer „employability" beschäftigen, *ohne spezifischen Rechtsstatus* operieren, aber dennoch in verschiedener Weise und in uneinheitlicher Größenordnung öffentlich gefördert werden. Ein interessanter Fall ist diesbezüglich *Großbritannien*.[29] Ähnlich wie in Deutschland wurde im Vereinigten Königreich kein spezifischer institutioneller Status für Beschäftigungsförderungsbetriebe geschaffen. Doch unterscheiden sich die

---

[28] De facto verkörpern auch einige irische Beschäftigungsförderungsbetriebe eine Spielart des Modells. Ein Ende der 1990er Jahre aufgelegtes Programm fördert landesweit sog. „social economy enterprises", die – ähnlich wie die in Niedersachsen geschaffenen „sozialen Formen" (s.o.) – nach fünf Jahren als überlebens- bzw. marktfähige Betriebe aufgestellt werden müssen.

[29] Eine mit dem Vereinigten Königreich grob vergleichbare Konstellation ergibt sich für Spanien (auf regionaler Ebene) und auch für Dänemark, wo die staatliche Arbeitsmarktpolitik auf verschiedene soziale Träger zurückgreift, aber keinen spezifischen institutionellen Rahmen für diese geschaffen hat.

britischen Verhältnisse durchaus markant von den deutschen. Es existiert zwar mit den sog. „Intermediate labour market organisations" ein mit deutschen Beschäftigungsförderungsbetrieben vergleichbarer Typus, der Maßnahmen der aktiven Arbeitsmarktpolitik durchführt. Dieser Typus repräsentiert aber nur eine kleine Minderheit der Organisationslandschaft. Ansonsten setzt sich diese aus Unternehmen mit verschiedener Rechtsform und sehr unterschiedlichen Strategiekonzepten zusammen. Zu unterscheiden sind durch die öffentliche Hand aufgabenspezifisch geförderte „community businesses" einerseits und „social enterprises", die auf regionalen Produkt- und Dienstleistungsmärkten operieren, andererseits. Bis Anfang der 1990er Jahre waren klassische Arbeitsbeschaffungsmaßnahmen auch in Großbritannien weit verbreitet. Freie und kommunale Träger erhielten Gelder, mit denen sie v.a. Maßnahmen zur Verbesserung der öffentlichen Infrastruktur durchführten. Danach wurden die Programme weit gehend gestrichen; die Beschäftigungsförderung beschränkte sich auf die Betreuung Arbeit suchender Erwerbsloser. Beschäftigungsprojekte konnten nur mehr mit Hilfe kommunaler oder europäischer Mittel realisiert werden. Nach dem Antritt der Regierung Blair änderte sich das Bild insofern, als mit den sog. „New Deal"-Programmen landesweit neue, personengebundene Fördermittel verfügbar wurden. Diese Rahmenbedingungen sorgen dafür, dass eine Reihe freier Träger (meist als „Zubrot") einzelne arbeitsmarktpolitisch geförderte Kurzzeitmaßnahmen anbieten, während andere stärker auf die Erzielung von Einkünften aus Produkten und Diensten abzielen, letzteres häufig über Aufträge von Gebietskörperschaften (z.B. im Transportwesen oder bei der Müllentsorgung). Allgemein ist der Leistungsdruck auf alle Träger angewachsen: Einerseits stehen sie unter Erfolgsdruck bezüglich einer kurzfristigen Integration ihrer Klientel in den ersten Arbeitsmarkt (davon hängt die Förderung letztlich ab), andererseits haben viele Unternehmen ihren „preferred provider status" bei den sie beauftragenden Gebietskörperschaften verloren und müssen sich zunehmend im Wettbewerb mit andersartigen Anbietern bewähren. Der Unternehmenserfolg steht und fällt zunehmend mit Erfolgen an gewöhnlichen Produkt- und Dienstleistungsmärkten.

Der kursorische Ländervergleich zeigt zunächst viele *gemeinsame Entwicklungstendenzen*. In allen Ländern hat sich der ehrenamtliche Input nach der Gründungsphase zunehmend auf eine Beteiligung an der Vorstandsarbeit beschränkt. Eine Bewegungsdynamik hinter den sozialen Unternehmen lässt sich immer weniger ausmachen. Zugleich ist dort, wo eine hohe Abhängigkeit von öffentlichen Kostenträgern (ob nun Arbeits- und Sozialverwaltung oder Aufträge vergebene Gebietskörperschaften) besteht, eine zunehmende „Quasi-Vermarktlichung" der Beziehungen zwischen den Unternehmen und ihren Förderern zu beobachten. Dies gilt für die (auch die deutsche Szenerie prägenden) managerialistischen Kontroll- und Steuerungsambitionen im politisch-administrativen System ebenso wie für den Zugang britischer oder italienischer Träger zum Vergabemarkt für öffentliche Aufträge. Schließlich erweisen sich einige der Unternehmen, die sich stärker auf gewöhnlichen Produkt- und Dienstleistungsmärkten engagieren, als wirtschaftlich anfällig, was nicht selten die Engführung ihres sozialen Integrationsziels nach sich zieht.

Gleichzeitig herrschen in den nationalen Organisationsfeldern der Beschäftigungsförderung *unterschiedliche Bedingungen*, entsprechend differieren auch die eingeschlagenen Entwicklungspfade. Jene Unternehmen, die sich als sozialwirtschaftliche Einheiten definieren (können) und in ihren Ländern als spezifische Form eines „normalen" Produktions- oder Dienstleistungsbetriebs gelten, werden zwar wie ihre deutschen Pendants von der öffentlichen Hand gefördert, doch dies erfolgt nicht im Sinne eines unmittelbaren arbeitsmarktpolitischen Leistungsauftrags und weniger in der Logik einer *zwingend* kurzfristigen Übergangsbeschäftigung. Die Unternehmen verfügen vielmehr (theoretisch) über Möglichkeiten zur kontinuierlichen Entwicklung von Tätigkeitsfeldern und damit korrespondierender Beschäftigung auch für sozial Benachteiligte. In der Praxis geraten solche Unternehmen allerdings v.a. dann unter Druck, wenn die indirekte staatliche Förderung (z.B. die besondere Berücksichtigung bei öffentlichen Aufträgen) in Frage gestellt wird und sie nicht in geschützten Marktnischen tätig sind. Als durchaus unterschiedlich erweist sich auch die von Beschäftigungsförderungsbetrieben entwickelte „corporate identity": Die französischen Träger bleiben – auch von der Förderlogik her – als Orte des Übergangs in Normalbeschäftigung definiert, ähnlich wie dies in Deutschland in den 1980er Jahren vielfach der Fall war. Die italienischen Sozialkooperativen verfolgen – ungeachtet der oben erwähnten jüngeren Veränderungstendenzen – im Prinzip einen anderen Ansatz, nämlich die dauerhafte Integration von Problemgruppen in das eigene Unternehmen. Letzteres ist auch die Zielperspektive einer Reihe britischer Organisationen.

In Deutschland hingegen lässt sich mit einer solchen Selbstbeschreibung „kein Staat" machen. Der internationale Vergleich führt die besonderen Grenzen deutscher Beschäftigungsförderungsbetriebe deutlich vor Augen: Sie sind kulturell nicht als sozialwirtschaftliche Organisationen etabliert und verfügen deshalb über vergleichsweise geringe Bewegungsspielräume innerhalb erwerbswirtschaftlicher Umwelten; ihre soziale Funktion bestimmt sich (in der jüngeren Vergangenheit) vergleichsweise eindimensional über Leistungen zur umgehenden Integration in den ersten Arbeitsmarkt; ihre Beziehung zum politisch-administrativen System zeichnet sich dadurch aus, dass sie einerseits institutionell in hohem Maße von diesem abhängen, andererseits aber zunehmend als Ausgründung aus eben diesen begriffen werden und einer regulativen Behandlung unterliegen, wie sie für Marktbetriebe ohne soziale Zwecksetzung typisch ist. Verglichen mit ihren europäischen Pendants befinden sie sich also in einer besonders heiklen Situation. Die Frage ist, welche Integrationsleistungen sie unter diesen Voraussetzungen erbringen können.

2. Wirkungen organisierter Beschäftigungsförderung – was analysieren, wie evaluieren?

Die arbeitsmarktpolitischen (Umbau-)Konzepte, die in der jüngeren Vergangenheit entwickelt und im vorhergehenden Kapitel nachgezeichnet wurden, sind nicht selten damit begründet worden, dass das Instrumentarium der Beschäftigungsförderung im sog. zweiten Arbeitsmarkt keinen nennenswerten Beitrag zur Bewältigung der Erwerbslosigkeit erbracht habe bzw. erbringen könne. Hierbei wurde Bezug genommen auf wissenschaftliche Befunde, die den im zweiten Arbeitsmarkt durchgeführten Qualifizierungs- und Arbeitsbeschaffungsmaßnahmen geringe Wiedereingliederungserfolge attestieren und auf die relativ höheren Erfolgsquoten von Maßnahmen der reinen Arbeitsvermittlung oder kurzfristigen Qualifikationsanpassung verweisen (vgl. Fels et al. 2001:35ff, Schmid 2002:235ff, Blien 2003).

Wie in der Einleitung erläutert, ist diese Bewertung von Beschäftigungsförderungsmaßnahmen einseitig, wenn nicht grundsätzlich fragwürdig. In diesem Kapitel sollen deshalb die konzeptionellen und methodologischen Grundlagen eines alternativen Ansatzes zur Evaluation des Organisationsfelds entwickelt werden. Im Mittelpunkt steht die Frage, wie bzw. mit welchem Evaluationsinstrumentarium Maßnahmen der organisierten Beschäftigungsförderung ganzheitlicher bewertet werden können bzw. sollten. Nach einem Problemaufriss zur Diskussion über Evaluationen im Bereich der Beschäftigungsförderung erfolgt eine Reflektion zu deren steuerungskulturellen Kontextuierung, bevor das Evaluationskonzept und das methodologische Design der empirischen Analyse umrissen werden.

2.1 Evaluationen im Organisationsfeld der Beschäftigungsförderung: Defizite und Alternativen

In Bilanzierungen zur bisherigen Praxis der Evaluation von Beschäftigungsförderungsprogrammen im zweiten Arbeitsmarkt wird mitunter eingeräumt, dass die angewandte „Evaluierungstechnik ... immer noch nicht ausgereift" ist (Schmid 2002:282). Dem Mainstream der Evaluationsforschung geht es, wie Kleinhenz (2003:85) formuliert, „um den mikroökonometrischen Nachweis der Eingliederungswirkung arbeitsmarktpolitischer Maßnahmen im Vergleich zum Verzicht auf eine entsprechende Bildungs- oder Arbeitsbeschaffungsmaßnahme, im Vergleich zum ‚Kontrafaktischen'". Vergleiche mit Kontrollgruppen sollen die Wirksamkeit von Maßnahmen berechenbar machen. Entsprechende Untersuchungen z.B. des Zentrums für Europäische Wirtschaftsforschung (ZEW) in Mannheim verweisen etwa darauf, dass Teilnehmer von Arbeitsbeschaffungsmaßnahmen (ABM) nach deren Beendigung schlechtere Chancen am Arbeitsmarkt haben als andere Erwerbslose und sehen die Ursache u.a. darin, dass ABM-Teilnehmern die Zeit oder Motivation zur aktiven Arbeitssuche fehle. Zudem würden die ABM-Kräfte in der Regel nicht die Qualifikationen erwerben, die sie gegenüber Mitbewerbern aus dem ersten Arbeitsmarkt konkurrenzfähig machten.

Diese Wirkungsforschung gibt Auskunft über eine Reihe von Korrelationen zwischen politisch-administrativen Interventionen und der relativen Arbeitsmarktposition geförderter Personen, aber sie weist Defizite auf, die in der entsprechenden Fachdiskussion durchaus Berücksichtigung finden. So zeigt sich das Gros der Wirkungsforschung relativ unsensibel im Hinblick auf die „Komplexität des Zielsystems" (Kleinhenz 2003:85) organisierter Beschäftigungsförderung. Die Evaluation kopiert quasi die im sozialadministrativen System vorherrschende „Vernachlässigung der sozialen Funktion der Arbeitsmarktpolitik" (Wagner/Schuldt 2003:16) und löst diese aus dem für eine gesunde Entwicklung des Beschäftigungssystems konstitutiven Zusammenhang bildungs-, verteilungs- und strukturpolitischer Interventionen heraus (ebd.:99). Als problematisch gilt ferner, dass häufig keine differenzierte Betrachtung von Förderklientelen einerseits und den von ihnen genutzten Förderinstrumenten (z.B. Profiling und Kurzumschulung vs. längerfristige Umschulungsbzw. Beschäftigungsmaßnahme) andererseits stattfindet bzw. stattfinden kann: Wer welches Förderinstrument braucht oder warum er (oder sie) es präferiert, spielt keine Rolle. Gleiches gilt für die mit den verschiedenen Förderprogrammen und -maßnahmen verbundenen Effekte der Selbstselektion, die den Vergleich mit Kontrollgruppen erschweren.[30] Teilnehmer von Maßnahmen der Beschäftigungsförderung werden wie Arbeitslose behandelt, also als Personen auf ständiger Jobsuche – dabei geht es diesen Erwerbslosen möglicherweise erst einmal um etwas ganz anderes. Man kann einfach nicht wissen, was aus den Teilnehmern geworden wäre, wenn sie nicht an Maßnahmen teilgenommen hätten. Im Übrigen erlauben die meisten komparativen Analysen „keinen Rückschluss auf den Eingliederungserfolg in reguläre Beschäftigung, sondern nur auf den [kurzfristigen, I.B.] Abgang aus Arbeitslosigkeit" (Caliendo et al. 2003:28).

Erklärungslücken bestehen selbst dort, wo Evaluationen über Vermittlungszahlen und ähnliche Grobindikatoren hinausgehen. Untersuchungen wie die von Strasser et al. (1995), Kieselbach (1998) oder Trube und Mitarbeitern (1997, 2000, 2003) betrachten zwar die Eingliederungseffekte der Beschäftigungsförderung im zweiten Arbeitsmarkt ganzheitlicher, indem sie auch weiche Prozesse der Teilnehmerintegration – vom Gesundheitszustand über das psychosoziale Wohlbefinden bis hin zu staatsbürgerlichen Tugenden – in ihren quantitativen Ausprägungen zu bestimmen versuchen.[31] Und Trube/Luschei (2000:32ff) analysieren die „Procederequalität"

---

[30] Vgl. zur Diskussion über Probleme der Wirkungsmessung auch Helbig (2001:225ff).
[31] Bei Trube (et al., z.B. 1997, 2003) werden zudem fiskalische und Wertschöpfungsaspekte sowie indirekte Arbeitsplatzgenerierungseffekte zum Gegenstand der Evaluation.

bei Beschäftigungsförderungsprojekten, mit einem Fokus auf die begleitende Teilnehmerberatung (Anamnese, Hilfepläne, Nachbetreuung). Allerdings werden die Befunde stets in einem standardisierten Verfahren ermittelt, nach ihrem Entstehungshintergrund wird nicht gefragt. Dementsprechend bleibt im Dunkeln, woran es hapert, wenn bestimmte Ziele nicht erreicht werden, z.B. ob es organisationsseitige Defizite gibt oder die Projektbedingungen unzulänglich sind.[32]

Letztlich stellt sich überall das gleiche Problem: *Wie* Beschäftigungsförderung in all ihren Dimensionen wirkt, ist sekundär, den vorgefundenen Integrationseffekten (bzw. entsprechenden Fehlanzeigen) wird nicht auf den Grund gegangen. Es bleibt ausgeblendet, *warum* bestimmte Maßnahmen, Erlebnisse oder Interventionen Wirkungen entfalten oder nicht. Im Grunde handelt es sich um die üblichen Schattenseiten klassischer Evaluationen. Einerseits lassen sich, wenn es um sozialpolitisch motivierte Interventionen geht, zentrale Zieldimensionen wie etwa die der gesellschaftlichen Integration in einem standardisierten Evaluationsdesign kaum adäquat abbilden. Nebenwirkungen solcher Interventionen werden oft nicht erfasst, die Fallzahlen sind begrenzt, Vergangenheitserfahrungen schwer erfassbar (Wollmann 2003:7ff). Andererseits stellen sich die grundsätzlicheren Probleme experimenteller Evaluationstechniken. Diese Techniken bestehen typischerweise darin, die Wirkungen einer Intervention dadurch zu messen, dass der Einfluss der Intervention auf Zustände ihrer Objekte mit den Zuständen von Objekten verglichen wird, die *nicht* von dieser Intervention betroffen sind. Dies kann – approximativ – nur dadurch gelingen, dass alle anderen Einflussfaktoren in eine ceteris-paribus-Konfiguration manövriert werden, was methodologisch durch komplexe Verfahren der statistischen Faktorkontrolle erfolgt. Dem liegt allerdings, folgt man Pawson und Tilly (2000:5), ein „'successionist' ... understanding of causality" zu Grunde: Es gebe eine Intervention und aus dem Vergleich mit der Nicht-Intervention würden bestimmte Effekte gefolgert. Die geringe Erklärungskraft solcher Evaluationen zeige sich alleine darin, dass sie, wenn sie für verschiedene soziale Settings durchgeführt würden, häufig ein Gefälle von Effekten herausarbeiten, dabei dann aber meist inkonsistente Wirkungszusammenhänge ermittelten; die Intervention wirkt hier mehr, dort weniger, anscheinend sind bestimmte Rahmenbedingungen förderlich und andere nicht, aber nicht überall. Aus Sicht beider Autoren sind die auch dort begrenzt, wo sich Interventionen bzw. (sozial)politische Programme als im Vergleich mit Kontrollgruppen erfolgreich herausstellen, denn im Grunde wisse man nicht, *warum* sie gelängen. Pawson/Tilly sprechen diesbezüglich vom „black box problem": Die klassische Vorgehensweise „produces descriptions of outcomes, rather than explanations of why programs work" (ebd.:30). Das Manko besteht darin, durch die Konzentration auf Ergebnismessung den eigentlichen Wirkungszu-

---

[32] Gleiches gilt für organisationsfeldbezogene Evaluationen, die – was richtungsweisend, aber eher selten ist – systematisch „social and environmental conditions affecting programe sites" berücksichtigen und zeigen, wie spezifische Umweltbedingungen die Leistungsfähigkeit von Beschäftigungsintegrationsmaßnahmen beeinflussen (vgl. dazu Ashworth et al. 2004, Zitat S.194).

sammenhang nicht beobachten zu können: „To focus on outcome as the sole means of evaluation misses several important links in understanding what works, how and why" (Hearn et al. 2003:38). Es geht lediglich darum, ob mit einer Intervention irgendwelche Effekte *einhergehen*, nicht darum, wie und warum dies der Fall ist. Die Kausalität wird unterstellt, aber nicht verstanden.

Manche ziehen daraus den Schluss, den Anspruch an Evaluationen generell zurückzuschrauben. Wollmann fordert beispielsweise in seinen Ausführungen zu Möglichkeiten der Evaluation in öffentlichen Verwaltungen Zurückhaltung im Hinblick auf kausale Erfolgsanalysen: Er spricht von Quasi-Evaluationen mit „descriptive functions ... rather than an explanatory one" (ebd.:9). Diese Zurückhaltung ist verständlich, in gewisser Weise aber auch lähmend. Sollen Evaluationen eine Anleitung zur Verbesserung im Design von Interventionen oder Politiken sein, muss versucht werden, Wirkungszusammenhänge zu generalisieren und letztlich so zu beschreiben, dass Vergleiche zwischen Settings und deren Rahmenbedingungen möglich werden.

Das von Pawson/Tilly (2000) entwickelte Verfahren der „realistic evaluation"[33] ist diesbezüglich vielversprechend. Die Philosophie dieses Verfahrens fassen die Autoren wie folgt zusammenfassen:

„The basic task of social inquiry is to explain interesting, puzzling, socially significant regularities (R). Explanation takes the form of positing some underlying mechanism (M) which generates the regularity and thus consists of propositions about how the interplay between structure and agency has constituted the regularity. Within realist investigation there is also investigation of how the workings of such mechanism are contingent and conditional, and thus only fired in particular local, historical or institutional contexts (C)."

Evaluation soll in ihren Augen Wirkungsmechanismen bzw. Interaktionen mit ihren Effekten *nachvollziehbar* bzw. *verständlich* machen, und dabei systematisch – jeweils unterschiedlich relevante – Kontexte miteinbeziehen. Entsprechend prüfen „realistische" Evaluationen stets „the extent to which ... pre-existing structures 'enable' or 'disable' the intended mechanism of change" (ebd.:70). Mögliche Wirkungsmechanismen und lokale Kontextuierungen sollen theoriegeleitet beobachtet werden und die Analyse des zu evaluierenden Settings inspirieren. Die Evaluation brauche theoretische „propositions about how mechanisms are fired in contexts to produce outcomes" (ebd.:85). Dieser Forderung nach einer *theoretischen Reflektion von Kontextbedingungen* wird im Rahmen dieser Studie in Form von Überlegungen zu möglichen Wirkungen der neuen Steuerungskultur im Sozialsektor entsprochen (2.2).

---

[33] „Realistic" bezieht sich auf eine wissenssoziologische Position, die sich einerseits gegen positivistische und andererseits gegen konstruktivistische Erkenntnistheorien richtet. Kurz gefasst: Soziale Gesetzmäßigkeiten bestehen zum einen nicht nur da, wo sie kausalempirisch abbildbar sind, und sie sind zum anderen real auch in dem Sinne, dass sie unabhängig von Diskursen und Rhetoriken sinnkonstruierender Subjekte existieren (wobei diese Diskurse und Rhetoriken integraler Bestandteil der Realität sind).

Ein Schwerpunkt der evaluativen Analyse selbst liegt für Pawson/Tilly auf sozialen Interaktionen (Handlungen, Kommunikationen, Sinnproduktionen etc.), denn „it is not programs which work, as such, but people co-operating and choosing to make them work" (ebd.:36). Strukturelle Gegebenheiten wie etwa die Ressourcenausstattung (von Akteuren) kommen innerhalb einzelner Settings flexibel zur Geltung, die Kontexte dieser Settings entfalten keine uniformen Wirkungen. Kurzum: Evaluationen sind realistisch, wenn sie an dem „wie" und „warum" von Wirkungszusammenhängen sowie an der Beobachtung von Verbindungen zwischen lokalen bzw. überlokalen Mechanismen und deren Kontexten ansetzen. Dabei muss auch Klarheit über die *Erfolgskriterien* bestehen, die für die Evaluationsstrategie maßgeblich sind.

Wendet man sich mit diesen Erkenntnissen nun wieder dem *Feld der Beschäftigungsförderung* zu, dann dürfte zunächst deutlich geworden sein, dass die eingangs skizzierten Evaluationsdesigns den Anforderungen einer solchermaßen „realistischen" Evaluation kaum gerecht werden (können). Allerdings gibt es eine Reihe von Untersuchungen, die diesbezüglich weiterführender erscheinen. Nennenswert sind hier jene Studien, in denen anhand individueller Eingliederungserfahrungen die Bedingungen eines erfolgreichen Wiedereingliederungsparcours rekonstruiert wurden: Kieselbach et al. (1998) veranschaulichen beispielsweise, wie und warum das „Alltags-Empowerment", das ein Teilnehmer einer Beschäftigungsmaßnahme durch einen Werkstattleiter erfährt, die Bereitschaft zur Aufnahme eines Betriebspraktikums auslöst. In ähnlicher Weise führt die Evaluationsstudie zweier norddeutscher Beschäftigungsprojekte für Jugendliche mit sozial abweichendem Verhalten vor Augen, welche Interaktionsmuster in den Projekten vorherrschen und welche Art sozialer Erfahrung durch sie vermittelt werden (vgl. Glaß/Voigt 2000).

Einen Schritt weiter geht Büttner (2003). Sie befasst sich in einem elaborierten Evaluationsdesign systematischer mit „endogenen Faktoren" (ebd.:12) von Interventionen im Bereich der Beschäftigungsförderung. Zentrales Ziel ihrer Analyse sei es, „Wirkungszusammenhänge ... (zu) verstehen." Es geht um den Projektverlauf, aber auch um die Konzeptionen, die Ressourcenausstattung und die Entwicklungsgeschichte der beteiligten Organisationen sowie deren externe Kooperationspraxis (ebd:13).[34] Die *Orientierung auf Organisationen* begründet Büttner mit heterogenen Trägerstrukturen und konzeptioneller Vielfalt im Bereich der Beschäftigungsförderung, aber auch mit der Variabilität von Kompetenzprofilen, z.B. bezüglich der Notwendigkeiten, „auf veränderte Bedarfslagen ... schnell und flexibel zu reagieren" oder im Hinblick auf „Qualitätssicherung", Bildungscontrolling" und die „Finanzierungsstruktur" auf Organisationsebene (ebd.:24ff). Auch wenn die Studie

---

[34] Die Studie, in der es um die im Jahre 1999 abgeschlossenen sog. Ziel-3-Förderprogramme in Nordrhein-Westfalen geht, ist als Ergänzung zu einer standardisierten Evaluation konzipiert und schließt offene Interviews mit Maßnahmenteilnehmern mit ein (auf der Teilnehmerperspektive liegt insgesamt auch der Schwerpunkt der evaluativen Analyse).

ihre eigene Programmatik nicht auf allen Ebenen einholt, so erscheint die Orientierung auf Organisationen bzw. organisationale Settings richtungsweisend. Diese Orientierung entspricht dem „realistischen" Evaluationsprogramm, das ja unterstellt, dass Wirkungszusammenhänge erst im Setting vor Ort fassbar werden. Eine *organisationsbasierte Evaluation* richtet sich systematisch auf lokale Mechanismen im Zusammenspiel mit Makrostrukturen und institutionellen Rahmenbedingungen. Sie betrachtet letztlich das, was die mit Beschäftigungsförderung befassten Akteure im Hinblick auf die soziale (Re-)Integration ihrer Klientel unter den für sie gegebenen Rahmenbedingungen tatsächlich leisten. Settings evaluativ zu analysieren bedeutet freilich, die Einrichtungen nicht einfach nur nach Maßgabe vorgefertigter Items und mit Blick auf spezifische Indikatoren zu befragen oder quantitative Kennziffern (z.B. Abbruchsquoten oder Abgängerstatistiken) zu ermitteln. Gefragt ist vielmehr ein *settingorientiertes, ganzheitliche(re)s Evaluationsmodell*: Ähnlich wie andere Evaluationen dient es der Bewertung von Interventionen, die gezielt zur Herstellung gewünschter bzw. Verbesserung bestehender Zustände vorgenommen werden (vgl. allgemein Bortz/Döring 2002:101ff). Doch basiert ein solches Modell einerseits auf besonderen Reflektionen über die zu Grunde gelegten „Erfolgskriterien", andererseits setzt es evaluationstechnisch jenseits bzw. im Vorfeld linearer, variablenfixierter Output-Vergleiche an.

Wesentlich ist zunächst – auf der Ebene der „*Erfolgskriterien*" – ein möglichst breiter Zugang auf die Wirkungen organisierter Beschäftigung. Es gilt, den sozialen Reichtum, der sich potenziell hinter dieser Interventionsform verbirgt, zu erschließen und dafür zu sensibilisieren, dass sie nicht für eindimensionale Ziele und Prozesse steht. Weiterführend ist in dieser Hinsicht das sog. „Social-Quality"-Konzept, das eine Gruppe europäischer Sozialforscher im Zusammenhang mit den EG-Verträgen von Maastricht entwickelt hat.[35] Ein wichtiges Ziel des Konzepts besteht darin, grundlegende, für die europäischen Gesellschaften konsensfähige, Leitvorstellungen zur allgemein erwünschten Lebensqualität in handhabbare Zielkategorien zu übersetzen. Dazu gehören: „socio-economic security", „inclusion in political and economic systems", ferner die Erwartung eines kohäsionsstiftenden gesellschaftlichen „moral contract" sowie das individuelle Recht auf „empowerment" im Sinne einer „equity in life chances". Diese Ziele lassen sich auf die Ebene der Beschäftigungsförderung herunter brechen. Die Gewährleistung von „social quality" impliziert demzufolge mehr als eine bloße Vermittlung in den ersten Arbeitsmarkt. Ziel sozialer Interventionen auch im Organisationsfeld der Beschäftigungsförderung muss es sein, sämtliche Integrationsbarrieren zu „bearbeiten" und dadurch sozialer Ausgrenzung nachhaltig vorzubeugen. Es geht letztlich um die Ermöglichung einer Lebensführung, die sich im Rahmen der (bislang) für abhängig Beschäftige durchschnittlich bestehenden Spielräume der sozialen und wirtschaftlichen Selbstverwirklichung bewegt. Eine solche Perspektive auf den Zweck sozial(politisch)er Interventionen entspricht der Tradition der „empowerment"-

---

[35] Vgl. dazu die Beiträge in Beck et al. (2001).

orientierten Interventionspraxis, die Programme zur sozialen (Re-)Integration von Menschen in Notlagen gemeinhin auszeichnen (Eriksson et al. 2003, bes. 39ff). An diesen Erfolgsmaßstäben sowie dem Ziel einer in und von Organisationen vollzogene Interaktionen fokussierenden Betrachtung orientiert sich das *Evaluationskonzept* dieser Studie, das an den Leistungen von Trägern organisierter Beschäftigungsförderung ansetzt und im Hinblick auf seine Grundlagen (Indikatoren, Kategorien) weiter unten (2.3) näher umrissenen wird.

Was das methodologische Verfahren bzw. die Evaluationstechnik betrifft, so fordern Pawson und Tilly, diese am Untersuchungsgegenstand auszurichten. *Fallstudiendesigns* erscheinen für ihren Evaluationsansatz besonders angezeigt, weil sie empirische Wirklichkeit ganzheitlicher (also nicht durch Variablensets präfiguriert) erfassen (vgl. Shaw 2003:67ff). Fallbasierte Evaluationen werden häufig für „best practice"-Ansätze verwendet: Man identifiziert erfolgreiche Interventionen auf Einzelfallebene, bestimmt ausführlich die Rahmenbedingungen des Falls und definiert diesen dann als Modell für andere Fälle. Nimmt man die Argumentation von Pawson/Tilly ernst, ist dabei aber Vorsicht geboten, denn lokale Strukturen, Akteure und Interaktionen sind eigendynamisch, die „Verpflanzung" von Rahmenbedingungen von einem Setting in das andere produziert nicht die gleichen Effekte – worauf auch Wollmann (2003:8/9) für den Bereich administrativer Settings ausmerksam macht: „,'best practice' stories are fraught with (conceptual and methodological) threat of ‚ecological fallacy'".

In jedem Fall schließt ein settingorientiertes Modell *zwingend* ein Modul *qualitativer Analysen* mit ein, denn nur diese erlauben letztlich einen Zugang auf das „Wie" und „Warum" von Interaktionen bzw. Wirkungen. Die Kombination quantitativ-standardisierter und qualitativer Evaluationsmodule ist zwar durchaus gängig[36], dennoch erhalten qualitative Module dabei häufig nicht den Stellenwert, der ihnen gebührt. Gerade qualitative Instrumente aber fassen die Güte sozialer Interventionen realitätsnah: Denn „quality has to do with nuance, with detail, and with the subtle and unique things that make a difference between the points of a standardized scale" (Patton 2002:150). Entsprechend eignen sich diese Instrumente besonders gut, wenn es darum geht „to isolate critical elements that have contributed to program successes and failures" (ebd.:160), dies aber unter Bedingungen einer „extreme difficulty of isolating inputs" vollzogen werden muss (Shaw 2003:61). Genau diese Problematik aber ist für soziale Interventionen charakteristisch – was entsprechende Konsequenzen hat im Hinblick auf das im Schlussabschnitt dieses Kapitels (2.4) skizzierte *methodologische Design* der in dieser Untersuchung durchgeführten Evaluation.

---

[36] Was das Organisationsfeld der Beschäftigungsförderung betrifft, so findet sich eine solche Kopplung beispielsweise im Projektzusammenhang, aus dem Büttner (2003) berichtet, aber auch bei Untersuchungen, die relevante „Mitspieler" in diesem Bereich betreffen, konkret in der Arbeitsamtstudie von Mosley et al. (2003). Vgl. zu solchen „combined methods" auch Hearn et al. (2003:43ff).

2.2 Der Kontext: Die neue Steuerungskultur und ihre potenziellen Konsequenzen

Wie und mit welchen Folgen soziale Interventionen wirken, hängt – das ist eine der Quintessenzen der vorhergehenden Überlegungen – maßgeblich von ihrem Kontext ab. Dieser Kontext wird maßgeblich von sozialpolitischen Normierungen bestimmt, aber potenziell immer auch durch diejenigen Organisationen strukturiert, die die Interventionen praktisch bewerkstelligen. Nicht nur die kommunale Sozialadministration oder die Träger der Sozialversicherung bzw. der Arbeitsverwaltung, sondern auch nicht-staatliche Organisationen wie etwa die Einrichtungen der freien Wohlfahrtspflege folgen immer *auch* ihren eigenen Regeln, zudem wirken sie mit je eigenen Interessen, Werten und Konzepten auf das politische System ein. Das liegt nicht zuletzt daran, dass zivilgesellschaftliche Kräfte hier in die Organisationspraxis involviert sind.

Geht es also um den Kontext sozialer Interventionen, so sind die Spielregeln, die das Verhältnis von mit sozialen Interventionen befassten Organisationen und ihren Umwelten bestimmen, von zentraler Bedeutung. Gerade in dieser Hinsicht hat sich zuletzt im Sozialsektor einiges verändert. Aus evaluationstheoretischer Sicht stellt sich dabei die Frage, inwieweit diese Veränderungen allgemein die Operationen von mit sozialen Interventionen befassten Einrichtungen beeinflussen. Im Folgenden soll theoretisch reflektiert werden, welche Konsequenzen die neue Steuerungskultur im Hinblick auf das Leistungsgeschehen im Sozialsektor erzeugt, und auf welchen Ebenen dies geschieht. Dies ist ein erster Schritt zur Bildung eines konkreten qualitativen Evaluationskonzepts.

2.2.1 *Die Agenda des Managerialismus*

Es gibt bereits seit längerer Zeit Hinweise darauf, dass sowohl die Steuerungsleistungen des politischen Systems im Sozialsektor als auch die Praxis von mit diesem System verwobenen Organisationen einem tiefgreifenden Wandel unterworfen sind (Mezger/West 2000, Von Bandemer 2001, Gilbert 2002, Dahme/Wohlfahrt 2003). Die Rede von der „aktivierenden Sozialpolitik" oder vom „enabling state" verweist dabei nicht zuletzt auf die Einführung neuer Lenkungs- und Controllingmechanismen innerhalb der Sozialverwaltung und die Ausbildung neuer Vertragsbeziehungen zwischen öffentlichen Kostenträgern und freigemeinnützigen Leistungserbringern im Bereich sozialer Dienste (Boeßenecker et al. 2001, Richter 2002, Olk et al. 2003). Von zentraler Bedeutung ist die Erfolgsgeschichte des für die öffentliche Verwaltung entwickelten sog. „Neuen Steuerungsmodells" (Pelizzari 2001, Weiß 2002). Das Modell – international auch bekannt unter dem Label „New Public Management" – fordert einen Wettbewerb zwischen Leistungsanbietern sozialer Dienste, Wahlfreiheit für deren Zielgruppen, die permanente Mobilisierung von Wirtschaftlichkeitsreserven, quasi-marktförmige Formen der Leistungsvergabe und

Mittelallokation sowie nicht zuletzt ein quantifiziertes Controlling der Interventionsergebnisse.

Ein v.a. in Großbritannien einflussreicher Ansatz hat diese Entwicklung als Ausdruck eines Trends zum „Managerialismus" bzw. zum „managerial state" interpretiert.[37] Das Skript managerialistischer „governance" zeichnet sich einerseits durch bestimmte, als wertvoll erachtete Zielzustände aus: Herrschaft der Nutzer (sozialer Interventionen), marktförmige Interaktionen, Wahlfreiheiten, Diversifizierung des Leistungsangebots und erhöhte Selbstbestimmung auf Seiten der Sozialstaatsklienten. Zum zweiten enthält es normative Maximen für jene, die praktisch mit sozialen Interventionen befasst sind. Es geht um Ergebnisorientierung (die an Stelle einer blinden Produktionsorientierung treten soll), um weniger Abhängigkeit und mehr Selbsthilfe bei Klienten bzw. Nutzern, um die Schaffung von Konsumfreiheit und von Gewinnchancen im Sozialsektor (vgl. Schema 4). Das Skript beinhaltet drittens eine Reihe dualistischer Deutungsmuster, und besonders diese markieren die Abkehr von jenen klassischen Normen, die bis vor nicht allzu langer Zeit den Kern moderner Wohlfahrtsstaatlichkeit gebildet haben: Bürokratien, Professionen und auch die politischen Akteure, also im Grunde die klassischen Garanten von Wohlfahrtstaatlichkeit, werden von der Lösungsformel zum Problem umdefiniert, während das neue Steuerungssubjekt – der innovative, marktsensible und strategische Manager – zur progressiven Leitfigur avanciert.

Betrachtet man die deutsche Szenerie, so scheint das Modell in den 1990er Jahren durchaus einiges bewegt zu haben. Davon zeugen eine ganze Reihe von *Umbauten bei der gesetzlichen Regulierung sozialer Interventionen*. Die Reformen des Bundessozialhilfegesetzes (BSHG, heute SBG XII) in den Jahren 1993 und 1996 (Ablösung des Selbstkostendeckungsprinzips durch ein System leistungsbezogener Entgelte in Verbindung mit der Zulassung gewerblicher Anbieter), ferner die Einrichtung der Pflegeversicherung im Jahre 1994 (mit einer Gleichstellung gewerblicher und gemeinnütziger Pflegeeinrichtungen sowie der Einführung gedeckelter Kostenübernahmen), die 1998 verabschiedete Novellierung des Kinder- und Jugendhilfegesetzes (mit ähnlicher Ausrichtung) sowie schließlich die zwischen 2002 und 2004 verabschiedeten Hartz-Gesetze (siehe Kapitel 1) ließen viele der genannten Modellvorstellungen Recht und Gesetz werden.[38]

---

[37] Vgl. dazu Clarke/Newman (1997), Newman (2003), Kirckpatrick/Ackroyd (2003), Clarke (2004) und Turner/Martin (2004). Die Ausbreitung einer managerialistischen Steuerungskultur im Sozialsektor Großbritanniens geht maßgeblich auf den während der Thatcher-Administration vollzogenen „Import" US-amerikanischer Steuerungsmodelle zurück. Auf die näheren Hintergründe kann hier nicht weiter eingegangen werden.

[38] Aufgrund der Öffnung des Vertrags- bzw. Verhandlungssystems für private Anbieter kann heute de facto von einer offenen Trägerkonkurrenz bei der Vergabe von Kostenträgermitteln an nichtstaatliche Leistungserbringer ausgegangen werden. Vielfach werden auch Vereinbarungen über Inhalt und Umfang von Leistungen sowie Wirtschaftlichkeitsprüfungen obligatorisch, teilweise in Verbindung mit standardisierten Qualitätsanforderungen.

Schema 4: *Das Skript managerialistischer „governance" im Sozialstaat*

Die Veränderungsziele

- Von der Anbieter- zur Nutzerherrschaft
- Vom Monopol zur Marktsteuerung
- Vom Zwang zur Wahlfreiheit
- Von Uniformität zu Diversifizierung
- Von einer Kultur der Abhängigkeit zu einer Kultur der Selbstverantwortung

Die goldenen Regeln

- Steuern statt rudern
- Ermächtigen statt bedienen
- Outputs und nicht Inputs finanzieren
- Orientierung an Kunden und nicht an Bürokraten
- Geld verdienen und nicht ausgeben

Die zentralen Deutungsmuster

Bürokratie ist	Management ist
Regelfixiert	dynamisch
nach innen gekehrt	außenorientiert
auf „compliance" festgelegt	leistungsorientiert
verknöchert	*innovativ*
Professionalismus ist	Management ist
paternalistisch	kundenorientiert
mystisch	transparent
standardbezogen	ergebenisorientiert
selbstherrlich	*marktsensibel*
Poltiker sind	Manager sind
dogmatisch	pragmatisch
interventionistisch	aktivierend
instabil	*strategisch*

Quelle: Clarke /Newman 1997 (leicht verändert)

Mehr noch: Mit dem Paradigma des „*Aktivierenden Staates*" ist auf höchster politischer Ebene und von führenden gesellschaftlichen Akteuren ein neues Leitbild begründet worden. Dessen Grundzüge finden sich beispielsweise im Ende 1999 von der Bundesregierung verabschiedeten „Leitbild und Programm ‚Moderner Staat – Moderne Verwaltung'", wenngleich dieses Programm operativ vorwiegend auf den bundesstaatlichen Bereich und damit nur auf Teile der sozialpolitischen Infrastruktur bezogen ist. Kernelemente dieses Konzepts sind: „Flexibilität ... bei allen Beteiligten", eine „neue Stufung der Verantwortung zwischen Gesellschaft und Staat", eine Aufwertung von „Eigeninitiative" und „Selbstregulierungspotenzialen", das „Zusammenwirken staatlicher, halbstaatlicher und privater Akteure" bei der Erfüllung öffentlicher Aufgaben, „Wettbewerb und Leistungsvergleiche", „konkurrierende Ansätze" sowie die „Orientierung an ‚besten Lösungen'" im Hinblick auf eine effizientere Leistungserstellung. Das Konzept distanziert sich von einer Fixierung staatlicher Umsteuerung auf die Verschlankung bzw. Ausdünnung der öffentlichen Infrastruktur; allerdings ist es – wie Lamping et al. (2002:31) festhalten – mit Blick auf Finanzierungs- und Durchführungsverantwortung ... den Vertretern ... der New Public Management-Debatte gelungen, Effizienz und Wettbewerb sowie neue Formen und Modi der ... Aufgabenerbringung" dauerhaft als Kernelemente neuer „governance" zu etablieren. „Aus diesen Diskussionszusammenhängen ... hat der Aktivierende Staat wichtige Impulse bezogen" (ebd.).

Zu den „zentralen Leitlinien des Aktivierenden Staates" gehören „zielklare Kooperation", dezentrale ... Ressourcenverantwortung", „purchaser-provider-split", „Quasi-Märkte", „Leistungsvergleiche" und die Orientierung auf „selbstverantwortliche Bürger/Klienten" (Lamping et al. 2002:34). Technisch geht es um die Trennung von Planung/Kontrolle einerseits und Leistungserbringung andererseits. Die Politik entwickelt standardisierte „benchmarks", betriebswirtschaftlich geschulte Akteure sorgen dafür, dass diese durch vom sozialpolitischen System abgelöste Leistungserbringer möglichst effizient umgesetzt werden – wobei effizient bedeutet, dass einem gegebenen Ressourceninput ein möglichst hoher messbarer Output gegenübersteht. Dies wiederum wird dadurch gewährleistet, dass die Leistungserstellung über Ausschreibungs- und Einkaufsbeziehungen organisiert wird (dies ist mit „purchaser-provider-split" gemeint). Die Steuerung der Beziehungen von öffentlichen Kostenträgern zu von ihnen alimentierten nicht-staatlichen Trägerorganisationen erfolgt nach Maßgabe eines „Kontraktmanagements", in dessen Rahmen letztere auf der Grundlage vertraglich festgeschriebener, häufig einzelfallbezogener Leistungsbeschreibungen (bzw. Fallpauschalen) honoriert werden; damit korrespondiert die Zunahme von Erfolgsbewertungen und Outputevaluationen.[39] Die Klienten bzw. Nutzer sozialer Interventionen werden in diesem Konzept als Kun-

---

[39] Grundlegend dafür waren die Reformen des Bundessozialhilfe- sowie des Kinder- und Jugendhilfegesetzes Anfang der 1990er Jahre (Halfar 1999). Im reformierten BSHG wird beispielsweise explizit das Ziel outputorientierter Qualitätsziele ausgegeben. Einen weiteren Schritt in die gleiche Richtung stellen die sog. Hartz-Gesetze dar, die die Arbeitsverwaltung, aber auch das Sozialhilfesystem reorganisieren (Trube 2004).

den der Leistungserbringer definiert: Sie erhalten beispielsweise „Voucher", mit denen sie unter verschiedenen Leistungsangeboten aussuchen können, die bestimmten, von staatlicher Seite überwachten, Qualitätsnormen unterliegen.

Welchen Hintergrund hat diese Entwicklung? Die Verfechter der neuen Steuerung erhoffen sich von ihr den flexiblen Zuschnitt sozialer Interventionen nach Maßgabe lokaler Bedingungen sowie die Herstellung eines besseren Passungsverhältnisses zwischen Bedarf und Leistungsangebot; die dezentrale Leistungsverantwortung soll Spielräume zur sachgerechten Ressourcenverwendung bzw. optimalen Faktorallokation schaffen: z.b. im Hinblick auf die Frage, ob Personal oder Kapital eingesetzt wird oder inwieweit eine „just-in-time"-Organisation der Interventionen die Vorhaltung von Personalkapazitäten begrenzen kann. Dem halten Kritiker entgegen, dass es (im Sozialsektor) de facto nur sehr begrenzt um Konsumentensouveränität und flexibles Personalmanagement gehe(n könne). Sie monieren eine sozialprofessionelle Autonomie und Fachlichkeit aushebelnde Steuerungsphilosophie sowie die qualitätsschädlichen Effekte einer output-orientierten Finanzierung und marktförmigen Organisation sozialer Interventionen. Aus ihrer Sicht repräsentiert die Agenda des Managerialismus kaum mehr als ein wohlfahrtsstaatliches Sparprogramm.

Die Debatte spiegelt verschiedene Einschätzungen zur Rolle der an der Steuerung sozialer Interventionen beteiligten Akteure wider. Einerseits wird davon ausgegangen, dass verstärkt nicht-staatliche Akteure an der öffentlichen Steuerung vorgängigen Definitionsprozessen beteiligt werden, weil sich staatliches Handeln als immer komplexer und auf sich allein gestellt zunehmend überfordert erweist. Davon erwarten manche eine Perspektivenerweiterung sozialstaatlicher Steuerung insofern, als von nicht-staatlichen Akteuren kreative Impulse ausgehen können (Kooïman 2003). Andererseits wird befürchtet, dass eben diese Akteure der Dominanz des betriebswirtschaftlichen Steuerungsdenkens Tribut zollen und sich Tendenzen des „commercializing" (Weisbrod 1998) sowie der Entdifferenzierung zwischen Nonprofit- und Forprofit-Sektor durchsetzen (Ferris/Grady 1990, Kramer 2000). Zugleich wird eine Mutation der „governance of welfare" diagnostiziert, in deren Gefolge nicht staatliche-Akteure zwar stärker am Vollzug sozialer Interventionen beteiligt werden, dabei aber einer autoritären „Endkontrolle" unterliegen, die bislang vorherrschende kooperative bzw. wohlfahrtskorporatistische Steuerungsformen ablöst.[40] Dieser Deutung zu Folge richtet sich die Agenda des Managerialismus letztlich auf die Einpassung des Sozialsektors in den neuen flexiblen Kapitalismus.

Die Vermutungen über den Hintergrund der neuen Steuerungskultur fallen mithin recht unterschiedlich aus. Ungeachtet dessen wurde in der Diskussion über die

---

[40] Jessop (1999) konstatiert, dass die klassischen leistungsstaatlichen Steuerungen aufgrund von Kräfteverschiebungen im wirtschaftlichen bzw. politökonomischen System an Bedeutung verlieren, nicht aber staatliche Kontrolle per se. Die Koordination vollzieht sich stärker dezentral und betriebswirtschaftlich aus- bzw. zugerichtet, aber gleichzeitig als Diktat staatlicher „Systemaufsicht".

Folgen neuer Steuerungsmodelle in Deutschland und anderen Ländern vielfach darauf abgestellt, dass die *Umsetzung* des dargelegten Reformprogramms in konkrete politische Initiativen nur gebrochen und unter Einpassung in gegebene (nationale) Strukturen erfolgt ist (Bußmann et al. 2003, Christensen et al. 2002).[41] Solche Beobachtungen legen nahe, dass sich die neue Steuerungskultur durchaus als ein vom praktischen Geschehen in mit sozialen Interventionen befassten Organisationen abgekoppelter Überbau entpuppen kann. Um also den Möglichkeitsraum für diesen „Impact" abzustecken, muss genauer reflektiert werden, wo die neue Steuerungskultur *organisationsseitig* relevant und in welchen Dimensionen sie durch die Organisationen selbst *bearbeitet* werden kann.

2.2.2 Wie weit trägt der Managerialismus?

Analysen, die sich mit der Entwicklung von Organisationen des Sozialsektors unter Bedingungen sozialstaatlichen Wandels beschäftigen, legen häufig nahe, dass die Impulse des Managerialismus für diese Organisationen ein hartes Datum darstellen – die *auf sie einwirkenden Einflüsse* der neuen Steuerung setzen ihre Interventionen unter hohen Anpassungsdruck. Es gibt in der Tat zahlreiche Anhaltspunkte dafür, dass das, was seit einiger Zeit unter der Überschrift Verwaltungsmodernisierung verhandelt wird, unmittelbar Konsequenzen für jene hat, die im Sozialsektor als „Auftragnehmer" von Ämtern und Behörden tätig werden. Dies ist – meist für den Fall der Wohlfahrtsverbände – in der einschlägigen Literatur ausgiebig beschrieben bzw. kritisch diskutiert worden (vgl. Nährlich/Zimmer 1997, Hermsen 2000 oder Bode 2004). Es lohnt sich aber, hier noch einmal genauer hinzuschauen und mehrere Dimensionen solcher Veränderungsbewegungen zu unterscheiden: das, was Wex (2003) eine „erwerbswirtschaftliche Ökonomisierung" nennt, ferner den Wandel der sozialpolitischen Beziehungen zwischen nicht-staatlichen Organisationen und ihren institutionellen Umwelten, schließlich – damit teilweise zusammenhängend – die Dynamik zivilgesellschaftlicher Beteiligung.

Der Begriff der *erwerbswirtschaftlichen Ökonomisierung* steht für die konsequente Ausrichtung der materiellen Organisationspraxis auf deren betriebswirtschaftliche Rendite, zunächst unabhängig davon, ob dies Mittel für „gute Zwecke"

---

[41] Was den diesbezüglich besonders interessanten Fall Großbritanniens betrifft, so hoben viele Beobachter die seit dem Machtantritt von „New Labour" eingetretenen Veränderungen im Zuschnitt dieser Leitbilder hervor (Cutler/Waine 2000, Powell/Exworthy 2002, Williams/Roseneil 2004). „New Labour" habe in vergleichsweise stärkerem Maße nicht-staatliche Akteure in sozialpolitische Planungs- und Bewertungsprozesse eingebunden; zugleich sei die Zielperspektive einiger Sozialprogramme verbreitert worden. Newmann (2003) diagnostiziert rückblickend paradoxe Entwicklungen: einerseits die Aktivierung dezentraler Selbststeuerung (lokale Initiative und Bürgerbeteiligung) sowie die Öffnung der Wohlfahrtsproduktion für experimentelle Systeminnovationen und Vernetzungen (Querschnittsprogramme, runde Tische etc.), andererseits eine rationalisierungsfixierte Orientierung auf Konsumentenpräferenzen und akribische Outputevaluation sowie eine hierarchisch zentralisierte Kontrollpolitik, die universalistische Standards durchzusetzen versucht.

freisetzt oder aber die „guten Zwecke" unterminiert. Die Devise lautet: „Am Markt bestehen oder untergehen" (Nährlich/Zimmer 1997). Das gilt übrigens für jede Art von Marktorientierung: Auf von der öffentlichen Hand gesteuerten, wettbewerblich angelegten „Quasi-Märkten" muss ebenso renditeorientiert gearbeitet werden wie für den Fall, dass ein Träger einen nennenswerten Anteil seiner Ressourcen durch den Verkauf von Gütern oder Dienstleistungen erzielt. Theoretisch ist zwar denkbar, dass eine Organisation des Sozialsektors unter quasi-marktlichen Verhältnissen nur technisch rationalisiert, etwa, indem sie die Verschwendung von Büromaterial einschränkt und dadurch Ressourcen für andere Arbeitsmittel (z.B. Fortbildungsmaterial) gewinnt. Vielfach wird aber befürchtet, dass sie ihre Arbeitspraxis engführt, indem sie z.B. an Betreuungs- oder Beratungsstunden spart, weil diese keinen messbaren Output erzeugen – wodurch zwar billiger, aber weniger nachhaltig gearbeitet wird. In diesem Fall müsste man von einer Verarmung der sozialen Interventionspraxis sprechen.

Verwiesen wird ferner darauf, dass effektives „people processing" (Hasenfeld 1992) die Vorhaltung (temporär ungenützter) Ressourcen bzw. eines „organizational slack", also scheinbar überflüssiger Reserven (Cyert/March 1963), erfordert. In einem durchgängig „ökonomisierten Sozialsektor" (Trube/Wohlfahrt 2000) besteht von Seiten der Kostenträger die Tendenz, nicht nur solche Reserven, sondern auch Effizienzgewinne kontraktpolitisch „abzusaugen" – mit dem schlichten Hinweis, die gleiche Leistung lasse sich anderswo billiger erbringen. Darüber wird „Ökonomisierung" – insbesondere in der britischen Diskussion (vgl. Clarke/Newman 1997, Foster/Wilding 2000, Harris 2003) – mit der Entwertung sozialprofessionellen Handelns bzw. Deprofessionalisierung in Verbindung gebracht: Die auf den Einzelfall eingehende, eigenständige, auf komplexe Bedarfsanalysen und längerfristigen Outcome gerichtete Arbeit mit Klienten findet in Leistungsverträgen bzw. in den Standards der Arbeitsorganisation immer weniger Berücksichtigung und verliert somit an Rückhalt.

Jenseits dieser Auswirkungen des Managerialismus auf die „harte" Organisationspraxis betrifft dieser potenziell auch „weichere" Elemente. Hier kommen nun zivilgesellschaftliche Momente ins Spiel. Dies gilt erstens für die *formellen sozialpolitischen Beziehungen zwischen nicht-staatlichen Trägern und ihren* – in der Terminologie der neueren Organisationstheorie gesprochen – *institutionellen Umwelten*. Wesentlich erscheint diesbezüglich, dass im „welfare mix" des deutschen Sozialstaats die Rolle zivilgesellschaftlich verankerter bzw. verbandlich organisierter Träger immer *auch* darin bestand, die wohlfahrtsstaatliche Infrastruktur *als solche* programmatisch mitzugestalten und dabei eigene Ideen bzw. besondere wohlfahrtskulturelle Referenzen einzubringen (Evers 1993). Dies gilt für die sozialpolitische Rolle der Träger im Kleinen wie im Großen, also: in lokalen wie in überörtlichen Zusammenhängen – beispielsweise dann, wenn es um die Entwicklung und Ausgestaltung kommunaler Sozialprogramme geht, aber auch dann, wenn bundespolitische Reformdiskussionen ausgetragen werden. All dies lässt sich als eine (erste) Form zivilgesellschaftlicher Praxis begreifen.

Nun haben Heinze et al. (1997) – wiederum mit Blick auf die Wohlfahrtsverbände – eine neue *Politisierung* des Verhältnisses zwischen Trägern des Sozialsektors und ihren institutionellen Umwelten konstatiert. Der Begriff der Politisierung wird dabei in spezifischer Lesart, nämlich zur Beschreibung machtgetriebener Interaktionsprozesse, verwendet. Beobachtet wird, wie die schleichende Auflösung korporatistischer Vertrauens- bzw. „Kungelbeziehungen" dazu führt, dass zunehmend interessenorientiert miteinander verhandelt wird. Damit verlagern sich sozialpolitische Abstimmungsprozesse auf nüchterne Tauschgeschäfte bzw. taktisches Konflikthandeln. Dies ist etwa dann der Fall, wenn Träger der freien Wohlfahrtspflege damit drohen, im Falle der Kürzung von Mitteln für Gemeinwesenprojekte auch Kindertagesstätten oder Sozialstationen zu schließen, und *auf diese Weise* – und nicht durch das argumentativ überzeugende Aufzeigen sozialpolitischen Bedarfs – den Kostenträger unter Zugzwang setzen. Man kann den Begriff der Politisierung allerdings nicht alleine für diese taktischen und machtstrategischen Interaktionen reservieren. In kommunikativen Auseinandersetzungen zwischen Sozialorganisationen und dem politischen System kommen potenziell immer auch andere Rationalitäten ins Spiel. Hier geht es dann um eine andere Lesart von Politisierung – nämlich eine, die auf Diskurse zur Verständigung über Problemdefinitionen und Formen der öffentlichen Problembearbeitung zielt. Im o.g. Beispiel wäre dies dann der Fall, wenn der betroffene Träger gesellschaftspolitisch Position bezieht, auf für den lokalen „sozialen Frieden" schädliche Folgen der Schließung einer Einrichtung der Jugendberufshilfe verweist und *dadurch* öffentliche Aufmerksamkeit erzielen würde.[42] Die öffentliche Verhandlung würde dann *in der Sache* politisieren.

Es ist durchaus denkbar, dass die „Mikro-Ökonomisierung" (Nährlich/Zimmer 1997:276) bei den Sozialorganisationen insgesamt zu einem „crowding out" der zuletzt genannten Variante von Politisierung führt. Die Beziehung zwischen zivilgesellschaftlich rückgebundenen, an gemeinwohlbezogenen Sachzielen orientierten kollektiven Akteuren einerseits und öffentlichen Instanzen andererseits wird *ent*politisiert, weil es mehr denn je und permanent um Geld und erst *dann* um die Sache geht. Es erscheint jedenfalls nicht unwahrscheinlich, dass eine Organisation des Sozialsektors, von der auf vordefinierte Kennzahlen zugeschnittene „Auftragsdienstleistungen", entsprechend detaillierte Leistungsbeschreibungen und spitz gerechnete Kosten-Nutzen-Relationen erwartet werden, ihre Energien auf das betriebswirtschaftliche Alltagsmanagement konzentriert und auch von übergeordneten Verbandsebenen Unterstützung für eben *diese* Organisationsstrategie erwartet. Politische Anwaltschaft, Konzeptentwicklung oder kreatives Experimentieren wird unter diesen Bedingungen schnell als „brotlose Kunst" begriffen.

Damit verändert sich möglicherweise auch der *Umgang mit informellem Engagement*, womit ein zweites zivilgesellschaftliches Moment angesprochen wird.

---

[42] Natürlich ist auch denkbar, dass im Zuge der Erosion korporatistischer Selbstverständlichkeiten das Sozialpolitische noch mehr informalisiert wird und es (noch) mehr „Antichambrieren" gibt. Gerade dann aber geht es *immer weniger* um ein sachzieldominiertes Verhandeln von Sozialpolitik.

Gemeint ist hier zunächst die politische bzw. auf die Gestaltung des Gemeinwesens bezogene Dimension bürgerschaftlich motivierter Initiative. Zu solchen *zivilgesellschaftlichen Interaktionen* gehören der gute Draht des parteipolitisch engagierten Managements zu örtlichen Wirtschaftseliten, der unkomplizierte Austausch von Ressourcen mit Kirchengemeinden oder Stadtteilinitiativen, die spontane, informelle und ideelle Unterstützung lokaler „Honoratioren" für ein neues Projekt und vieles mehr. Auch die unternehmerische Initiative kleiner Kollektive, die in ein anschließend sozialstaatlich refinanziertes oder vielleicht auch marktgängiges Projekt mündet, lebt von zivilgesellschaftlicher Anteilnahme. Die managerialistische Steuerungskultur behindert nun aber möglicherweise zivilgesellschaftliche Initiativen, denn ideelle Inputs werden symbolisch entwertet, wenn betriebswirtschaftliches Management und spitz kalkulierte Kooperationsbeziehungen in den Mittelpunkt des Organisationsgeschehens rücken. Zumindest *atmosphärisch* wird die Verrechnung von „give" and „take" in Kooperations- und Kommunikationsbeziehungen befördert, wohingegen langfristige Reziprozität immer voraussetzungsvoller erscheint. Jener Träger eines Kurzzeitprojekts zur Förderung arbeitsloser Jugendlicher, der im Folgejahr ganz andere Maßnahmen, oder – weil sich das nicht rechnet – gar keine mehr durchführt, oder jener Beschäftigungsförderungsbetrieb, das von Kooperationspartnern zu hören bekommt, dass diese nun jeden Handschlag bilanzieren müssen und deshalb keine informellen Tauschbeziehungen eingehen wollen, können sich immer weniger auf dieses „soziale Kapital" verlassen und umgekehrt solches kaum mehr nachhaltig mobilisieren. Informelle Kooperationen und Initiativen werden auf diese Weise entmutigt.

Auch bezüglich der Wirkung des Managerialismus auf *handfeste freiwillige Unterstützung* in Form von Zeit- und Geldspenden spricht nicht wenig für eine Verknappung bürgerschaftlichen Engagements.[43] Dass – wie beispielsweise Damkowski und Rösener (2003) es flächendeckend für möglich halten – gleichsam als „Produkt aus Neuem Steuerungsmodell und Bürgerschaftlichem Engagement" passgenaue „Aktivierungseffekte" ausgelöst werden[44] und Formen der „co-governance" (Kooiman 2003:96ff) bzw. operationaler „interpenetration" (ebd.:213) von Verwaltungsbürokratie und zivilgesellschaftlicher Selbstverpflichtung entstehen, scheint eher unwahrscheinlich. Bürgerschaftliches Engagement lässt sich kaum

---

[43] Durchaus analog zu dem, was mit Blick auf die Rolle ehrenamtlicher Helfer für den Fall der Wohlfahrtsverbände beobachtet worden ist (vgl. Evers/Olk 2002: Im „durchgemangten" Tagesgeschäft sozialer Dienste gibt es kaum mehr Platz für bürgerschaftliches Engagement, also wandert dies auf Nebenschauplätze wie etwa der rein politisch-symbolischen Interessenvertretung oder des kleinformatigen karitativen Laienhandelns ab.

[44] Konkret beispielsweise in der Form, dass Bürgergruppen einen vom Staat leistungsvertraglich fixierten und befristet mit Geld hinterlegten öffentlichen Auftrag übernehmen – das könnte nicht nur ein Schwimmbad- oder Bibliotheksbetrieb, sondern auch ein zu arbeitsmarktpolitischen Zwecken gefördertes Gemeinwesenprojekt betreffen – und ihre eigenen Interessen für genau diese Aufgabe und genau zu den vorhandenen (sachlichen und zeitlichen) Bedingungen einbringen.

managerialistisch „verplanen".[45] Untersuchungen zeigen, dass freiwilliges Engagement eigensinniger, unbeständiger und damit *weniger* planbar wird und zudem sozial Benachteiligte sich weit unterdurchschnittlich in organisierter Form engagieren.[46] Der Managerialismus scheint demgegenüber eher eine Neigung zu Vorzeigemodellen und symbolischer Politik zu erzeugen: Man propagiert die Mobilisierung von Engagement, praktiziert aber kaum mehr als die Verwaltung peripherer Leuchtturmprojekte.

Schema 5: *Potenzielle Konsequenzen des Managerialismus auf der Organisationsebene*

Dimension der Organisationspraxis	Mögliche Folgen des Managerialismus
„materielle" Praxis	Verarmung der Arbeitsprozesse/ Deprofessionalisierung (sozialer Interventionen)
„zivilgesellschaftliche" Praxis → Beziehungen zur Politik → informelles Engagement → freiwillige Unterstützung	„crowding out" politischer Orientierungen Entmutigung ideeller Initiative Verknappung bürgerschaftlicher Inputs und Begünstigung symbolischer Politik

Doch produziert der Kontext des Managerialismus tatsächlich eine derart eindeutige (in Schema 5 zusammengefasste) Form der Strangulierung von Handlungsspielräumen im Sozialsektor? Gewiss besteht für dessen Organisationen eine relativ hohe Abhängigkeit von institutionellen Umwelten, also von Rechtsordnungen, administrativen Instanzen und politischen Akteuren.[47] Entsprechend sind sie geneigt, die eigenen Organisationsstrukturen und -prozesse an diesen Umwelten auszurichten. Darauf ist in der Vergangenheit – v.a. mit Blick auf den „Sozialkorporatismus" im Bereich der Wohlfahrtspflege (Bauer 1978, Grunow 1995) – wiederholt

---

[45] Untersuchungen, die entsprechende „public-private-partnerships" empirisch unter die Lupe genommen haben, führen zwar einerseits vor Augen, dass bestimmte „Aktivierungspotenziale" lokal durchaus nachzuweisen sind (vgl. Evers et al. 2002). Sie zeigen aber auch deren Grenzen, beispielsweise im Hinblick auf mit der Erschließung solcher Potenziale verbundene Defizite an professioneller Qualität oder auch bezüglich der Tendenz ihrer Instrumentalisierung durch Ration(alis)ierungsstrategien der öffentlichen Hand (Dahme et al. 2004).
[46] Vgl. dazu Beher et al. (2000), Heinze/Olk (2001), Munsch (2003) oder Enquêtekommission des Bundestags (2002).
[47] Zur entsprechenden Diskussion vgl. DiMaggio/Powell (1983) oder Scott/Meyer (1994). Als Elemente dieser Umwelten gelten hier z.B. Professionsnormen oder auch spezifische Effektivitäts- und Rechenschaftserwartungen.

hingewiesen worden. Allerdings darf nicht übersehen werden, dass – und dies ist eine fast schon klassische organisationstheoretische bzw. verwaltungswissenschaftliche Erkenntnis – Organisationen selbst dann, wenn sie einer unmittelbaren bürokratischen Kontrolle beispielsweise durch Behörden oder Regierungen unterliegen, über eigene Entfaltungsspielräume verfügen.

So wird von ihnen vielfach ein flexibles, *fallorientiertes* (professionelles) Handeln erwartet (vgl. Harrach et al. 2000). Die Einrichtungen sollen situativen, lokalen, persönlichen Bedarf ermitteln und darauf der „Sache" angemessen reagieren – so jedenfalls die an sie gerichtete, häufig auch institutionell kodifzierte Erwartung, die nicht zuletzt eine entsprechende Ressourcenflexibilität erfordert. Dabei verfügen die Organisationen trotz ihrer institutionellen Einbettung (in das sozialstaatliche Regime) über Möglichkeiten der *Ent*kopplung insofern, als sie ihre eigenen Prozesse vor externer Kontrolle abzuschirmen und Umwelterwartungen durch äußere Fassaden oder symbolischen Opportunismus zu befriedigen vermögen (Meyer/Rowan 1977). Die organisatorischen Abläufe bei der Betreuung und Beratung von Klienten oder der Umgang mit öffentlichen Mitteln lassen sich in bestimmten Grenzen nach Maßgabe spontaner Bedarfswahrnehmungen gestalten – jedenfalls solange, wie sich im Berichtswesen oder in den wahrnehmbaren Außenwirkungen die entsprechenden Erwartungen institutioneller Geldgeber wiederfinden.

Ferner beziehen mit sozialen Interventionen befasste Organisationen ihre Legitimation und die darauf basierenden Ressourcen nicht nur vom Staat, sondern aus *mehreren* Umwelten.[48] Schon innerhalb des institutionellen Umfelds gibt es unterschiedliche Erwartungen (z.B. Verwaltung versus Politik), die gegeneinander ausgespielt werden können. Außerdem stehen die Organisationen mitunter in erwerbswirtschaftlichen Umweltbeziehungen. Dies gilt für wettbewerblich strukturierte Spendenmärkte ebenso wie für den Fall, dass sie selbstständig Produkte und Dienste „zum guten Zweck" vertreiben. Schließlich gibt es eigendynamische Beziehungen zu zivilgeschäftlichen „skakeholdern".

Somit bestehen verschiedene Möglichkeiten, die Effekte managerialistischer Steuerung wenigstens abzupuffern oder vielleicht sogar organisationspolitisch zu unterlaufen. Eine erste Option besteht im Aufbau *vertrauensstiftender Vernetzungen*. Diese Vernetzungen können sich auf organisationsfeldspezifische Partner, aber auch auf benachbarte Interventionsbereiche richten. Eine z.B. in Gestalt informellen Ressourcentausches oder strategischer Bündnisse vollzogene Vernetzung erschließt potenziell Spielräume für die kreative Durchsetzung eigener Konzepte etwa in der kommunalen Sozialpolitik. Letzteres wird auch dann möglich, wenn die vorhandene *fachlich-professionelle* Expertise gegen rein wirtschaftliche Betrachtungsweisen in Stellung gebracht wird.[49] Dabei kann es auch darum gehen, an der Definition von

---

[48] In der Literatur über Nonprofitorganisationen spricht man gerade deshalb von „multi stakeholder organisations" (Bigelow et al. 1996, Alexander 1998, Pestoff 1998).

[49] Genau solche Strategien lassen sich in vielen Bereichen beobachten (vgl. etwa Heinze/Strünck 1998 oder Bode 2004, eher skeptisch dazu Dahme 2000).

Effizienz mitzuwirken bzw. professionelle und ökonomische Rationalitäten geschmeidig zu (re-)kombinieren, beispielsweise in Diskussion über Qualität(sstandards).

Vorstellbar ist ferner, dass Organisationen des Sozialsektors *ressourcenpolitisch kreativ* werden. Möglicherweise lassen sich ehrenamtliche Beiträge oder auch marktwirtschaftliche Erlöse *gegen* die o.g. Kolonialisierungstendenz einsetzen (vgl. Evers et al. 2002). Wenn es einem Träger der Altenhilfe gelingt, hauswirtschaftliche Leistungen über die Kombination ehrenamtlicher Helfernetzwerke und geförderter Beschäftigung zu organisieren und auf diese Weise den ökonomischen Druck seiner Pflegedienste zu entspannen, oder wenn ein gemeinnütziger Dienstleister Mittel des Sozialamts dazu nutzen kann, einen Erlös bringenden Nischenmarkt für spezifische Dienstleistungen zu erschließen, dann bestehen Chancen, die betriebswirtschaftliche Orientierung in spezifischen Bereichen bewusst auszusetzen. Denkbar ist (dann) u.a. eine interne Quersubventionierung von profitablen zu ressourcenschwachen Organisationsteilen. Eine weitere Option besteht in der *souveränen Nutzung freiwilligen Engagements*. Die Organisation kann versuchen, Freiwillige an der Initiierung und Durchführung wirtschaftlich relevanter Produktions- und Dienstleistungsprozesse zu beteiligen und dadurch monetäre Ressourcen zu erschließen. In wie weit diese Option realistisch ist, muss an dieser Stelle offen bleiben.[50]

Schließlich finden sich Anhaltspunkte dafür, dass Organisationen des Sozialsektors eine *strategische Trennung zwischen ihrem Alltagsgeschäft und ihren politischen Umweltbeziehungen* anstreben. Organisationen besitzen generell eine Fähigkeit zur funktionalen Differenzierung, und dies gilt besonders für hybride Organisationen (vgl. Geser 1990, Bode 2003a). Konkret bedeutet dies, dass beispielsweise ein Wohlfahrtsverband wie die Caritas einerseits auf der lokalen bzw. betrieblichen Ebene den Zeitgeist der Ökonomisierung nachvollzieht und andererseits in öffentlichen Kampagnen *sozial*politisch Stellung bezieht.[51] Entsprechende Potenziale entstehen nicht zuletzt durch eine lose Kopplung artverschiedener Handlungsebenen (Bode 2003b). Eine ähnliche Wirkung entfalten die Ausdifferenzierung von Schnittstellenbeziehungen sowie vertikale Vernetzungen. So mag der Manager einer sozialen Einrichtung seine Organisation intern betriebswirtschaftlich durchrationalisieren, sich aber in anderen zivilgesellschaftlichen Zusammenhängen (Parteien, Kirchen, Dachorganisationen) gleichzeitig für eine Entschärfung des politisch induzierten Ökonomisierungsdrucks verwenden.

---

[50] Es gibt sowohl eine Reihe praktischer Beispiele für entsprechende Souveränitätsgewinne als auch – nicht unbegründete – skeptische Einschätzungen im Hinblick auf die in diesem Sinne strategische Mobilisierbarkeit freiwilligen Engagements einerseits (vgl. Ullrich 2003), die Wirkungen von Vermarktlichungsprozessen auf die „zivilgesellschaftliche" Leistungsfähigkeit der Träger andererseits (vgl. Ascoli/Ranci 2002).

[51] Für beide strategischen Elemente gibt es reichlich Indizieren (vgl. etwa Hermsen 2000 und Pabst 1996).

Umgekehrt können soziale Organisationen allerdings auch *selbst* zur Quelle managerialistischer Reorganisation werden. Beispielsweise verweist die bei deutschen Wohlfahrtsverbänden bereits seit Längerem zu beobachtende Orientierung an den Gepflogenheiten erwerbswirtschaftlicher Unternehmen auf Prozesse der aktiven Anpassung an den Imperativ der Ökonomisierung.[52] Konzepte wie „Veränderungsmanagement" (Maelicke 2000), „Führung durch Zielvereinbarung" (Voß 2000) und „Kundenzufriedenheit" (Bendel et al. 2001) rücken in den Mittelpunkt des Energiehaushalts, die Vermengung ökonomischer und anderer Rationalitäten gilt als Störfall und nicht (mehr) als produktives Proprium. In einem solchen Fall avanciert erwerbswirtschaftliche „Modernisierung" organisationsintern zur alles dominierenden, ja totalitären Handlungsperspektive – und so wird Management zur Politik *der Organisation*. Eine solche Mentalität kann selbst auf Bereiche ausstrahlen, die à priori (gerade) nicht als Sphäre betriebswirtschaftlicher Rationalität begriffen werden (sollen). So kann die Philosophie des Managerialismus (organisationsseitig) Bestrebungen auslösen, ein „durchgemanagtes" Projekt zur Rekrutierung von Freiwilligen aufzulegen und mit dem Hinweis auf die betriebswirtschaftliche Solidität des Projekts (temporäre) Unterstützungsgelder einzuwerben. Dies ist in gewisser Weise die Logik mancher Freiwilligenagenturen, die seit einiger Zeit als neue Form der Mobilisierung ehrenamtlichen Engagements gehandelt werden.[53] Auch Konzepte für ein „Management von Ehrenamtlichen" (Rosenkranz/Weber 2002) weisen in diese Richtung. Vieles spricht dafür, dass das freiwillige bzw. zivilgesellschaftliche Element auf diese Weise von dem Gesamtzusammenhang der Organisation und deren Sachziel *ent*koppelt wird (Bode 2002). Manche sprechen diesbezüglich – mit Bezug auf Wohlfahrtsverbände – sogar von einer innerorganisatorischen Marginalisierung freiwilligen Engagements (Boeßenecker 2003).

Alles in allem bleibt offen, wie weit die managerialistische Steuerungskultur in Organisationsfeldern des Sozialsektors tatsächlich trägt (vgl. Schema 6). Es gibt im Sozialsektor Pioniere des Managerialismus, aber auch Organisationen, die sich eher inkrementell anpassen oder situativ opportunistisch agieren. Im Zeitalter der neuen Steuerungskultur bewegen sich mit sozialen Interventionen befasste Organisationen in einem Klima, bei dem ihnen einerseits der Wind der Ökonomisierung „kräftig ins Gesicht bläst" und sie – um im Bilde zu bleiben – vielfach dazu veranlasst, sich in Richtung der betriebswirtschaftlichen Rationalisierung treiben zu lassen oder sich sogar gezielt in den „mainstream" einzureihen. Dies schließt aber andererseits nicht aus, dass sie durch eigensinniges Handeln bestimmte Strömungen aufhalten oder

---

[52] Bleibt man beim Fall der Caritas, so gibt es die verschiedensten Belege für diese Tendenz (vgl. Weber 1998, Hermsen 2000, Hauser/Obermair 2000, Bode 2002).
[53] Die Idee der Freiwilligenagenturen wurde zunächst von kleinen Projekten und dann auch von etablierten Wohlfahrtsverbänden aufgegriffen (Baldas et al. 2001, Ebert et al. 2002). Die lokale Praxis ist vielfältig, wobei die hohen Erwartungen an diese Agenturen bislang nicht erfüllt werden konnten (Boeßenecker 2003:156ff). Auffällig ist, wie sehr es bei der Dokumentation der Praxis dieser Agenturen darauf ankam, quantifizierte Erfolge zu vermelden.

umlenken und dadurch vielleicht sogar einem Klimawandel Vorschub leisten können.

Schema 6: *Spielräume für eigensinnige Organisationspolitik*

Organisationspolitik quer zum Managerialismus	- kreative Zielverfolgung qua Vernetzung
	- Ausbeutung von Expertise und Fachkompetenz im öffentlichen Raum
	- Erschließung von Eigenmitteln und Quersubventionierung
	- Mobilisierung partizipatorischen Engagements
	- Entkopplung von Alltagsgeschäft und politischer „agency"
Organisationspolitik mit dem Managerialismus	- „Totalitärer" Rekurs auf betriebswirtschaftliche Konzepte
	- Gestaltung zivilgesellschaftlicher Praxis als ausgelagertes Managementprojekt

Für die Evaluation der Leistungen von mit sozialen Interventionen befassten Organisationen bedeutet dies zweierlei: Erstens sollte die Kontextanalyse Einflüsse des Managerialismus bzw. die möglichen Wirkungsdimensionen gesondert in den Blick nehmen, und zweitens sollte sie davon ausgehen, dass letztlich empirisch geklärt werden muss, wie die untersuchten Träger mit diesem Kontext zurechtkommen bzw. was sie unter Bedingungen einer managerialistischen Steuerungskultur tatsächlich zu leisten vermögen.

2.3 Das Evaluationskonzept

Die im folgenden Kapitel vorgestellten Befunde und Auswertungen folgen den oben für „realistische Evaluationen" entwickelten Kriterien sowie der Forderung, evaluative Analysen durch den Einsatz qualitativer Analysen zu fundieren. Sie stellen aber nur ein *Teil*projekt einer „realistischen" Evaluation im Organisationsfeld der Beschäftigungsförderung dar, und zwar nicht nur in dem Sinne, als eine quantitative Validierung in dieser Studie nur sehr vereinzelt erfolgen kann. Partiell bleibt das hier durchgeführte Verfahren auch deshalb, weil eine dezidiert an der Eruierung des „Wie" und „Warum" ansetzende und organisationale Settings fokussierende Evaluation sozialer Interventionen ein sehr umfangreiches Forschungsdesign erfordert. Die dazu erforderlichen Ressourcen waren in dem Projekt, auf das sich die vorliegende Studie bezieht, nicht verfügbar. Deshalb erfolgt der empirisch-evaluative Zugang auf die Praxis integrativer Beschäftigungsförderung hier mit Blick auf die *Leistungspotenziale des Organisationsfelds als solchem*. Allgemeines Ziel ist es, handfeste Ansatzpunkte für eine „Leistungsbewertung" der Praxis von Beschäftigungsförderungsbetrieben zu versammeln. Es geht also nicht um eine detaillierte Evaluation einzelner Träger oder Maßnahmen, sondern um Evidenzen, die Hinweise auf *feldübergreifende* Leistungspotenziale bzw. Leistungsbarrieren geben.

Die evaluative Analyse erfolgt auf *zwei Ebenen*. Sie betrachtet zum einen konkrete Organisationsfälle in *„historiographischer"* Perspektive. Der durch die theoretische Auseinandersetzung über mögliche Konsequenzen des Managerialismus vorinformierte Blick auf die Organisationskarrieren einzelner Beschäftigungsförderungsbetriebe verweist auf die Kräfteverhältnisse, die in den Organisationen, aber auch außerhalb von ihnen zur Wirkung gelangen. Er erschließt Momente der Eigenständigkeit *und* der Umweltabhängigkeit, der Selbstbeschreibung *und* der Fremdbestimmung im Handlungsfeld der Betriebe. Entsprechend den o.g. Empfehlungen des „realistischen" Ansatzes geht es darum, *lokale und institutionelle Kontexte* in ihren historisch gewachsenen Ausprägungen nachvollziehbar zu machen. Auf diese Weise entsteht eine plastische Vorstellung von den *Voraussetzungen*, unter denen Beschäftigungsförderungsbetriebe Leistungen entfalten können.

Auf der Folie dieser Leistungsvoraussetzungen richtet sich die Analyse zum zweiten auf die *Leistungspotenziale*, wie sie die Praxis von Organisationen der Beschäftigungsförderung zum Zeitpunkt der Untersuchung (2001 bis 2003) erkennen lässt. Das Vorgehen entspricht dabei den Anforderungen des „realistischen Ansatzes" insofern, als soziale Interaktionen bzw. organisationale Mechanismen in den Mittelpunkt rücken. Betrachtet werden indes nur wenig Fälle und eine beschränkte Anzahl von Kategorien und Indikatoren. Die Analyse bezweckt hier hauptsächlich, die Verwendung qualitativer Analysemethoden als für „realistische" Evaluationsprogramme fruchtbare Untersuchungsstrategie auszuweisen. Ziel ist es, auf der Grundlage eines „verstehenden" Ansatzes für die Relevanz fallspezifischer Mechanismen und Kontexte zu sensibilisieren und dadurch die Entwicklung weitergehender, auch quantitative Module umfassender, Evaluationsdesigns anzuregen.

Das Konzept geht von den (im Vorhergehenden behandelten) institutionellen Verhältnissen im Bereich der organisierten Beschäftigungsförderung aus. Das betrifft v.a. den Charakter der mit Beschäftigungsförderung befassten Einrichtungen sowie die Spezifik der von ihnen erbrachten Interventionsleistungen. Besondere Beachtung findet der Umstand, dass Beschäftigungsförderungsbetriebe (potenziell) multiple Ziele und Ressourcen verknüpfen und ihre Identität sowie die Anhaltspunkte für interne Steuerungs- und Entscheidungsprozesse – kurz: ihre „Managementlogik" – aus mehreren Umwelten beziehen. Die bei den Betrieben ausgebildeten *Ziele, Ressourcen, Identitätsprofile und Managementlogiken* beschreiben das, was für die Organisationsentwicklung und -praxis richtungsweisend ist – sie sind gewissermaßen *Rahmenindikatoren* im Prozess der Fallanalyse. Sie strukturieren zunächst die Interpretation von Organisationskarrieren (auf der ersten der o.g. zwei Analyseebenen) im Spannungsfeld von managerialistischer Steuerungskultur und adaptiver Selbststeuerung. Im Weiteren dienen sie als „Beobachtungshilfen" bei der qualitativen Evaluation aktueller Organisationspraktiken.

Diese Evaluation erfolgt im Rahmen eines *Kategoriensets*, das sich an der Spezifik der im Organisationsfeld gefragten Interventionsleistungen orientiert sowie an Grundsätzen, die sich aus der Theorie sozialer Dienste ableiten lassen (für viele: Olk et al. 2003). Das gilt zunächst für den interaktiven Charakter sozialer Interventionen sowie die Sinnstiftungsdimension von „Empowerment"-Prozessen, die sich von ihrer Qualität her wesentlich in organisationalen Kommunikationsbeziehungen manifestieren. Die Kategorienbildung folgt auch insofern den Usancen der Qualitätsbewertung von Organisationen des Sozialsektors, als die Sachdienlichkeit des Mitteleinsatz und die Fähigkeit zur problemgerechten Umgestaltung bzw. Innovation von Organisationsprozessen zum Gegenstand der Analyse werden. Es wird mithin darauf abgestellt, dass die Leistungspotenziale organisierter Beschäftigungsförderung *positiv* weit weniger in – durch die Organisationen selbst nur sehr partiell beeinflussbaren – Vermittlungsquoten zum Ausdruck kommen als in der Reich- und Nachhaltigkeit ihrer Integrationspraxis bzw. *negativ* in diesbezüglichen Defiziten.

Die Kategorien bilden gewissermaßen Merkposten für die Bestimmung von Leistungspotenzialen und werden im Beobachtungsprozess beschreibend „gefüllt". Konkret werden vier Kategorien unterschieden, von denen eine in drei Unterkategorien ausdifferenziert wird (vgl. Schema 7). Außerdem gibt es eine offene Metakategorie für Defizitpotenziale, welche, wie in der Einleitung begründet, in der empirischen Analyse gewissermaßen als „Restposten" behandelt werden. Im Einzelnen handelt es sich um folgende Kategorien:

- Die Analyse geht vom *Selbstverständnis* der für die Interventionen zuständigen Organisationen aus; Indikator sind dabei v.a. argumentative Figuren zu Sinn und Zweck organisierter Beschäftigungsförderung, kurz: die übergeordneten Ziele und Identitätsprofile der Träger – wobei der Begriff der Identitätsprofile auf organisationsoffizielle Leitbilder und zugleich auf in den Aussagen der Organisationsakteure aufscheinende Grundsatzorientierungen bezogen wird. Hier geht es also auch um Selbstbeschreibungen zwischen den Zeilen und jenseits plakativer Bekenntnisse..
- Die *Struktur-Qualität* wird u.a. mit Blick auf die Fähigkeit und Neigung der Träger betrachtet, Sozial- und Beschäftigungsförderung zu kombinieren und zugleich für die Klienten sinnstiftende Tätigkeitsfelder zu erschließen. Aussagekräftige Indikatoren sind in dieser Hinsicht u.a. die konkret verfolgten Organisationsziele bzw. das, was man als operative Zielstruktur bezeichnen könnte.
- Darüber hinaus geraten verschiedene Aspekte der *Procedere-Qualität* in den Blick: Interne Kommunikationsverhältnisse bzw. -formen (wie gehen Träger und Maßnahmenteilnehmer miteinander um; wie interagieren Sozialarbeiter,

Management und technisches Personal?), die Art des Mitteleinsatzes (wie bedarfs- und fallgerecht können organisatorische Mittel verwendet werden?), und Innovationsorientierungen (wie versuchen die Träger, ihre „Integrationsarbeit" unter veränderten Bedingungen weiterzuentwickeln bzw. anzupassen?). Ein allgemeiner Indikator bezüglich der Procedere-Qualität sind die für die Organisationspraxis maßgeblichen Ressourcen, wobei die konkrete Ressourcennutzung (also die Art des Mitteleinsatzes) eine gesonderte Untersuchungsebene bildet. Interessant erscheinen auch die sich bezüglich der Procedere-Qualität für die Träger ergebenen Restriktionen (z.B. im Hinblick auf die Frage, welche externen Umstände die Träger an der Ausbildung einer entsprechenden Strukturqualität hindern).

Schema 7: *Kategorien der evaluativen Analyse*

Leistungspotenziale

Organisationales Selbstverständnis
Strukturqualität
Procederequalität
    - Kommunikationsformen
    - Ressourcennutzung
    - Innovationsorientierung
Zivilgesellschaftlich-sozialpolitische Praxis

Defizitpotenziale

■ Integriert wird schließlich „an issue neglected in most discussions of nonprofit performance: the management of those intangible assets upon which future performance depends" (Paton 2003:18). Wesentlich erscheint hier das, was sich als Management der *politisch-zivilgesellschaftlichen Praxis* bezeichnen lässt. Einerseits ist die Entfaltung öffentlicher bzw. kommunikativ-programmatischer Initiativen gegenüber Partnerorganisationen, Kostenträgern, der Kommunalpolitik oder der örtlichen Wirtschaft – kurz: innerhalb der lokalen „Akteursarena" (Krummacher et al. 2003:124ff) – in vielerlei Hinsicht eine Voraussetzung für organisationale Handlungsfähigkeit schlechthin. Insofern ist sie evaluationsrelevant. Andererseits sind soziale Unternehmen der Beschäftigungsförderung besonders auf der lokalen Ebene an der Gestaltung des Gesamtrahmens der arbeits- und sozialpolitischen Steuerung mit beteiligt. Sie erscheinen potenziell dazu in der Lage, die durch sie ermittelten und in Projektpraxis umgesetzten Bedarfe sowie Praxiserfahrungen aus der organisierten Beschäftigungsförderung im öffentlichen Raum (mit) zu verhandeln. Ihre Leistung ist auch danach zu bewerten, ob sie (potenziell) sachdienliche Beiträge zur Gestaltung des Organisationsfelds (Expertisen, advokatorische Interessenvertretung, Konzepte zur Stadtentwicklung etc.) erbringen (können). Ein allgemeiner Indikator für entsprechende Ambitionen der Träger ist auch hier deren „corporate identity"[54], darüber hinaus spiegelt sich die Qualität der politisch-zivilgesellschaftlichen Praxis in der Managementlogik, die den Umgang mit dem „Steuerungsumfeld" (Kostenträger, Politik, zivilgesellschaftliche Stakeholder etc.) prägt. Erneut muss auch danach Ausschau gehalten werden, welche externen Umstände Beschäftigungsförderungsbetriebe bei ihren politisch-zivilgesellschaftlichen Ambitionen behindern.

2.4 Das methodologische Design

Für die vorliegende Untersuchung wurden mehrere Einzelfallstudien bei verschiedenen Typen von Beschäftigungsförderungsbetrieben durchgeführt. In der Analyse können nicht alle Befunde für sämtliche Träger präsentiert werden, insofern beruht die Ergebnisdarstellung bereits auf einer Selektion besonders charakteristischer Fälle bzw. Phänomene. Die *Fallauswahl* erfolgte mittels eines mehrschrittigen Samplings. Da keine Studien vorlagen, die das Organisationsfeld systematisch vermessen hatten, musste zunächst mit Hilfe von Verbandsdokumenten und verstreuten Fall- und Felduntersuchungen ein Überblick über die Trägerlandschaft geschaffen werden. Dann galt es Organisationen zu identifizieren, die als prominente Spielarten organisierter Beschäftigungsförderung gelten können: Kommunale Unternehmen, wohlfahrtsverbandlich angebundene Träger sowie kleinere Initiativen, die zwar nicht schwerpunktmäßig im Organisationsfeld der Beschäftigungsförderung tätig sind, aber dennoch Integrationsangebote für Arbeitslose unterbreiten. Im Mittelpunkt sollten Organisationen stehen, die gewissermaßen den „Mainstream" der organisierten Beschäftigungsförderung in Deutschland verkörpern. Im Rückgriff auf Forschungserfahrungen im Vorfeld dieser Studie (vgl. Bode/Graf 2000, Schmid/Schulz 2000, Evers et al. 2000) sowie unter Verwendung einer – für eine gesonderte Organisationsbefragung (Evers/Schulz 2004) zusammengestellten – Liste deutscher Beschäftigungsförderungsbetriebe konnten dann 15 besonders interessante Untersuchungsfälle ausgewählt werden.[55] Auf regionale

---

[54] Es geht um die Zuschreibung einer Identität gegenüber der eigenen Organisation, wie sie sich gleichsam fallhistorisch herausgebildet hat. In der nachfolgenden evaluativen Analyse wird diese in erster Linie über die „Fall-Historiographie" bestimmt.

[55] Gewissermaßen als „Pre-Test" wurden Orientierungsgespräche mit Vertretern der Organisationen geführt, auf deren Grundlage dann entschieden werden konnte, welche Fälle in welcher Hinsicht

Differenzierungen wurde insofern geachtet, als sowohl ost- wie auch westdeutsche Unternehmen in das Sample aufgenommen wurden. Die im folgenden Kapitel portraitierten Betriebe stehen mithin für typische Fälle organisierter Beschäftigungsförderung, auch wenn sie nicht als im statistischen Sinne repräsentativ für das gesamte Organisationsfeld gelten können.

Das *Vorgehen im Forschungsprozess* folgt den Grundregeln des qualitativen Paradigmas. Diesen Grundregeln zu Folge sind qualitative Untersuchungsverfahren v.a. für die Eruierung von Tatbeständen angezeigt, für die kaum Vorstellungen über die zwischen sozialen Phänomenen bestehenden Zusammenhänge existieren. Qualitative Forschung beansprucht für sich eine hohe „ökologische Validität" (Mühlfeld et al. 1981:325) – oder salopp gesprochen: eine besonders ausgeprägte Lebensnähe. Anders als bei standardisierten Erhebungen werden v.a. weiche Daten betrachtet und zielt die Untersuchung auf die ganzheitliche Regenerierung von Ausschnitten sozialer Wirklichkeit (vgl. Flick 1995:150f). Der Erhebungsprozess ist induktiv[56], im Forschungsverlauf entstehende Befunde können zu einer Umstellung der weiteren Erhebungsstrategie führen. Die Forschungsperspektive setzt – kurz gefasst – auf „creativity, exploration, conceptual flexibility and a freedom of spirit" (Seale 1999:43).

Qualitative Verfahren kommen zunehmend auch in der Organisationsforschung zum Einsatz, und hier wiederum häufig in Gestalt von Fallstudien (Hartley 1994). Sie werden verwendet, weil Organisationen eine komplexe bzw. mehrdimensionale soziale Wirklichkeit verkörpern, die sich erst durch einen offenen, möglichst ungefilterten Feldzugang erschließt. Ziel ist es, Organisationsgeschehen aus der Sicht der „handelnden Subjekte zu rekonstruieren, unerwartete Phänomene einzufangen und auf diese Weise menschliches Verhalten und Handeln einer prozessualen Sicht zugänglich zu machen" (Kühl/Strodtholz 2002:16). Die Deutung der auf diese Weise erhobenen Befunde ist nicht ganz unproblematisch, ist doch „interpretation ... not the solution to the organizational analysts' problems but their source" (Strati 2000:184). Die Validität der Befunde kann nur dadurch abgesichert werden, dass mehrere, unabhängig voneinander generierte, Datensorten Eingang in die Analyse finden. Ferner gilt es, die Kontexte organisationaler Diskurse systematisch zu reflektieren und die Darstellungen der Akteure nicht einfach als Spiegel der vorherrschenden Realität aufzufassen. Vielmehr sollten die Diskurse mit anderen Darstellungen und Fakten abgeglichen werden.

Im Rahmen der Fallstudien wurden im Wesentlichen halb-strukturierte Interviews mit Geschäftsführern und Mitarbeitern des Overhead[57] sowie Gruppendiskus-

---

(historische Entwicklung, Dokumentation von Außenseiterrollen, Evaluation etc.) näher zu untersucht waren.

[56] Man schließt dabei von spezifischen Beobachtungen unter Zuhilfenahme von Vorwissen auf weitere Elemente sozialer Wirklichkeit (vgl. zsf. Steinke 1999:17ff).

[57] Im Organisationsfeld der Beschäftigungsförderung wird gemeinhin zwischen zwei betriebsinternen Akteursgruppen unterschieden: Einerseits den „Maßnahmenteilnehmern", die von den Beschäftigungsförderungsbetrieben im Rahmen arbeitsmarktpolitischer Programme rekrutiert werden, und

sionen mit Teilnehmern von Beschäftigungsmaßnahmen durchgeführt. Außerdem fanden Betriebsbegehungen statt. Die Interviewaussagen der Organisationsexperten wurden unter dem Gesichtspunkt ausgewertet, dass die in ihnen aufscheinende „Wissenskonfiguration" immer auch eine „Handlungsdeterminante", also „Praxiswirksamkeit" reflektiert (Bogner/Menz 2002:65-66). Das Datenmaterial wurde durch Organisationsdokumente und Presseberichte komplettiert. Zur Ergänzung der qualitativen Befunde wird bei der (summarischen) Darstellung der Daten zudem auf Ergebnisse einer Befragung zurückgegriffen, die parallel zu den Fallstudien durchgeführt wurde (vgl. Evers/Schulz 2004).[58]

Zu berücksichtigen ist, dass ein größerer Anteil der „Feldberichterstattung" auf Aussagen von im Organisationsfeld engagierten Akteuren beruht, die nicht zweifelsfrei als objektive Informationen über die Praxis der Träger gewertet werden können. Allerdings: Es wurde je Organisationseinheit mit mehreren Akteuren gesprochen, zudem konnten die Aussagen durch andere Quellen kontrolliert werden (und dessen waren sich die Gesprächspartner bewusst). Darüber hinaus ist die subjektive Perspektive der Akteure alles andere als unwesentlich im Hinblick auf die „Leistungsanalyse", denn diese Perspektive erteilt Auskunft über den spezifischen „Energiehaushalt", der der Organisationspraxis zugrunde liegt.

---

andererseits dem „*Overhead*", der für deren Anleitung und Betreuung sowie für das Management des Unternehmens zuständig ist.

[58] Für diese (von der Hans-Böckler-Stiftung finanzierten) Befragung wurden mehr als 2.400 Kontaktadressen eruiert; 2.000 Organisationen erhielten einen ausführlichen Fragebogen, den etwa 300 Betriebe beantworteten. Die Fragen zielten schwerpunktmäßig auf Befunde zur Besonderheit des Arbeitskonzepts und der Organisationsform der Beschäftigungsförderungsbetriebe sowie die Ziele, die genutzten Ressourcen, sowie ihre Praxis in den Bereichen Produktion von Gütern und Diensten, (advokatorische) Interessenvertretung und lokale Vernetzung.

3. Organisierte Beschäftigungsförderung und ihre Leistungen – welche Potenziale, welche Probleme?

In diesem Kapitel wird das in den vorangegangenen Abschnitten dargestellte Evaluationskonzept auf die Befunde der in der Einleitung umrissenen Felduntersuchung angewendet. Dabei geht es schwerpunktmäßig um die Frage, welche Leistungen Beschäftigungsförderungsbetriebe zu erbringen vermögen und welchen Problemen sie sich in ihrer Integrationsfunktion gegenübersehen. Die Auswertung der Befunde erfolgt mit Blick auf die im Vorhergehenden diskutierte Steuerungskultur im politisch-administrativen System sowie die Mechanismen ihrer Durchsetzung bzw. Eingrenzung auf der Ebene von Organisationen. Wie bereits erläutert, werden zunächst anhand exemplarischer Einzelfälle Organisationskarrieren im Bereich der Beschäftigungsförderung nachgezeichnet, um auf diese Weise deren Entwicklungsdynamik und die in dieser Dynamik zum Ausdruck kommenden *Leistungsvoraussetzungen* zu veranschaulichen (3.1). Im Anschluss daran wird die am Ende des Untersuchungszeitraums bestehende Praxis ausgewählter Beschäftigungsförderungsbetriebe einer kategoriengestützten qualitativen Evaluation unterzogen. Im Rekurs auf verschiedene Fallkonstellationen ergeben sich Anhaltspunkte für bestehende *Leistungspotenziale*, aber auch Hinweise auf Restriktionen, denen diese Organisationen gegenwärtig ausgesetzt sind (3.2). Den Abschluss des Kapitels bildet eine Diskussion des evaluatorischen Ertrags der Fallstudien (3.3).

3.1 Beschäftigungsförderung in „historiographischer" Perspektive oder: die Formierung spezifischer Leistungsvoraussetzungen

Die organisationalen und institutionellen Voraussetzungen, unter denen Beschäftigungsförderungsbetriebe operieren, sind für die Erfüllung ihrer Aufgaben von zentraler Bedeutung. Wie erläutert, stehen Einrichtungen des Sozialsektors allgemein unter dem Einfluss einer neuen Steuerungskultur, ohne dass letztere ihre Organisationsentwicklung zwingend determiniert. Die folgende Darstellung von Organisationskarrieren soll dabei zunächst dazu beitragen, die Konturen des im ersten Kapitel gezeichneten Bildes organisierter Beschäftigungsförderung weiter zu schärfen. Im Weiteren informiert sie darüber, welche Operationsbedingungen sich in diesem Organisationsfeld trägerseitig und umweltbedingt herauskristallisiert haben. Die „historiographische" Analyse unterteilt sich in zwei Schritte: Zunächst wird die Geschichte von Einrichtungen portraitiert, die die Entwicklung des gesamten Organisationsfelds allgemein repräsentieren. Anschließend gilt es, in den Fallgeschichten die Formierung dessen herauszuarbeiten, was hier als Leistungsvoraussetzungen organisierter Beschäftigungsförderung bezeichnet wird.

Die Fallgeschichten sind gegliedert in einführende Portraits der Organisationsprofile, die Rekonstruktion der Organisationsentwicklung sowie eine Gesamteinschätzung der in den Fällen zum Tragen kommenden Veränderungsdynamik. Dabei orientiert sich die Analyse an jenen Rahmenindikatoren, die nach Maßgabe des im vorangegangenen Kapitel entwickelten Evaluationskonzepts als allgemein aussagekräftig gelten können: konkret den *Zielen, Ressourcen, Identitätsprofilen und Managementlogiken* der Organisationen.[59] In den Fallrekonstruktionen – dies sei hier bereits vorweggenommen – haben sich bestimmte Entwicklungspfade herauskristallisiert, die sich analytisch voneinander abgrenzen lassen, allerdings teilweise in ein und demselben Organisationskontext parallel auftreten. Es gilt zu prüfen, ob bzw. wie weit sich die Ansätze, die die untersuchten Organisationen ursprünglich verfolgt haben, unter Bedingungen institutionellen Wandels behauptet haben oder wie weit letzterer den Entwicklungsweg der Organisationen (mit) bestimmt hat. Vier Konstellationen lassen sich unterscheiden:

- *Organisationale Stabilität*: Die Einrichtungen verharren grundsätzlich in der Konstellation, die sich zum Zeitpunkt ihrer Gründung (bzw. der Gründung unmittelbarer Vorgänger) herausgebildet hat. Sie weisen dabei die im ersten Kapitel umrissenen idealtypischen Eigenschaften der Pioniere organisierter Beschäftigungsförderung auf, d.h. sie verfolgen auch weiterhin einen integrierten, sozialwirtschaftliche und gemeinwesenorientierte Ziele umfassenden, Handlungsansatz. Es herrscht also allgemein hohe Konstanz.
- *Institutionelle Flexibilität*: Die Betriebe orientieren sich weiterhin maßgeblich an ihrer „Gründungsphilosophie", reagieren aber in strategischer Weise auf neue Umweltbedingungen. Die entsprechende Anpassung der Eigenschaften reicht von pragmatischen Imitationen der in anderen Organisationsfeldern gängigen Praktiken bis hin zur symbolischen Neudefinition des Organisationszwecks.[60] Im Kern findet keine Transformation statt.
- *Organisationale Metamorphose*: Die Einrichtungen befinden sich auf dem Weg, ihr Programm grundsätzlich umzustellen, ohne bereits die ursprüngliche „Organisationsverfassung" durch eine neue ersetzt zu haben. Die Entwicklung mani-

---

[59] Hingegen kann der im zweiten Kapitel aufgestellte *Kategorienkatalog* für die „Historiographie" der Organisationsentwicklung allenfalls implizit zur Anwendung kommen, weil für eine vollständige Anwendung des Katalogs forschungstechnisch kein entsprechendes Instrumentarium (z.B. Wiederholungsbefragungen) zur Verfügung stand.

[60] Letzteres ist von Osborne (1998:187) als „instrumenteller Isomorphismus" bezeichnet worden: Die Träger passen sich der Form halber gängigen Organisationskonzepten (z.B. der Rolle als „kundenorientierter Dienstleister") an, orientieren sich aber de facto weiterhin an anderen (multiplen) Zielen. Sie entkoppeln damit Außenbild und Organisationswirklichkeit (vgl. auch Meyer/Rowan 1977). „Interorganizational imitation" (vgl. Miner/Raghavan 1999) beschränkt sich demgegenüber auf die Übernahme einzelner Routinen aus anderen Organisationsfeldern.

festiert sich beispielsweise in der Verlagerung von Organisationsenergien in Richtung von Operationsroutinen, die in mit gesellschaftlicher Deutungsmacht ausgestatteten Umwelten eine hohe Wertschätzung genießen (z.b. Controlling, kurzfristige Renditeorientierung, vertragstreue Auftragserledigung). Dadurch ist ein latenter Transformationsprozess in Gang gesetzt.

- *Institutioneller Isomorphismus*: Die Betriebe haben eine radikale Transformation durchlaufen und sämtliche Operationsbereiche und -logiken auf in ihren Umwelten gängige Organisationskonzepte umgestellt. Dabei wird die ursprüngliche institutionelle Form aufgegeben und in der Umwelt gängigen Organisationskonzepten angeglichen: Eine Einrichtung in gemeinnütziger Trägerschaft oder Vereinsform wandelt sich in einen For-Profit-Betrieb oder eine Unterabteilung der Staatsbürokratie.[61] Der Transformationsprozess ist in diesem Fall bereits durchgeführt.

Diese vier Veränderungsdynamiken dienen im Folgenden zur plakativen Charakterisierung der evolutionären Dynamik von Beschäftigungsförderungsbetrieben. Die den Portraits zu Grunde liegenden Organisationen erhalten virtuelle Bezeichnungen; die Anonymisierung wurde den meisten Trägern zugesagt, um ihre Bereitschaft zu „ehrlichen" Auskünften zu erhöhen. Die Analyse wird zeigen, dass – ungeachtet der bereits dargelegten allgemeinen Veränderungen in den Umwelten der Organisationen – durchaus unterschiedliche Entwicklungspfade eingeschlagen worden sind.

3.1.1 Vier Fallgeschichten

Fall 1: Die „Kommunalgesellschaft Rheinstadt" (KGR)

Die KGR gehört zu den „Mammutorganisationen" im Bereich der Beschäftigungsförderung. Sie steht für den in Deutschland weit verbreiteten Typus der kommunalen Beschäftigungsförderungsbetriebe mit eigener Rechtspersönlichkeit. Im Jahr 2002 durchliefen 2.500 Personen die verschiedenen Programme des Trägers, in Bereichen wie Alten- und Gesundheitshilfe, Garten- und Landschaftsbau sowie Baunebentätigkeiten, z.T. in Fom außerbetrieblicher Ausbildung. Die Organisation wurde Ende 1999 als eine Art städtischer Konzern für öffentlich geförderte Arbeitsförderung gegründet. Insofern verkörpert die KGR keinen aus zivilgesellschaftlicher Initiative hervorgegangenen Beschäftigungsförderungsbetrieb, sondern das

---

[61] Der Begriff des „institutionellen Isomorphismus" wurde prominent durch den bereits genannten Beitrag von DiMaggio/Powell (1983), die damit allerdings eine spezifische und von der hiesigen Begriffsverwendung abweichende Charakterisierung der Entwicklungsdynamik von Organisationsfeldern vornehmen: Sie beziehen sich auf die Angleichung von (meist nicht-marktwirtschaftlichen) Organisationen an *in ihrem Organisationsfeld* gängige Formen und Routinen, während der Begriff im hier interessierenden Zusammenhang auf die Übernahme von Formen und Routinen auch aus *anderen* Organisationsfeldern angewendet werden soll.

Produkt einer lokalen Sozialpolitik, der es nicht zuletzt um die Reduzierung der Zahl der Sozialhilfeempfängern ging. Allerdings war die Kooperation mit nichtstädtischen Akteuren, v.a. mit Verbänden der örtlichen Wirtschaft (Kammern), wesentlicher Bestandteil des Gründungsakts. 30% des Gründungskapitals halten regionale Wirtschaftsverbände.[62] Im Aufsichtsrat sind neben Lokalpolitikern auch Gewerkschafter vertreten, außerdem besteht ein Fachbeirat mit Repräsentanten lokaler Wohlfahrtsorganisationen.

Gegenwärtig gibt es zwei Aktivitätsschwerpunkte: Zum einen führt der Träger eine Reihe von Qualifizierungs-, Beschäftigungs- und Berufsvorbereitungsmaßnahmen durch, deren erklärtes Ziel es ist, Maßnahmenteilnehmer umgehend in den ersten Arbeitsmarkt zu vermitteln. Teilweise werden zudem (administrativ) Maßnahmen abgewickelt, die bei anderen (nicht-kommunalen) Trägern (z.B. der Altenhilfe) angesiedelt sind. Zum zweiten hat die KGR von der Stadt das Fallmanagement für Sozialhilfe beziehende Langzeitarbeitslose übernommen. Insgesamt ist das Volumen an Beschäftigungsmaßnahmen (strictu sensu) rückläufig, Qualifizierungs- und Vermittlungsaufgaben haben relativ an Bedeutung gewonnen.

a.) Die Geschichte des Trägers

Die Anfang 1999 vollzogene Gründung der KGR geht auf eine Initiative der Kommunalpolitik und der lokalen Arbeitsverwaltung zurück. Ziel war es, die zuvor verstreut bei verschiedenen Abteilungen der Kommunalverwaltung (Bauhof, Grünflächenamt), aber auch bei Stadtteilinitiativen angesiedelten (öffentlich alimentierten) Arbeitsförderungsprojekte zu bündeln und neu auszurichten. Zum „Erbe" der KGR gehörten auch in den Vorjahren für soziale Brennpunkte aufgelegte und von der EU geförderte Quartiersprojekte, bei denen Kulturarbeit, Beschäftigungsmaßnahmen und Infrastrukturförderung (u.a. im Bereich Kinder- und Jugend) miteinander verzahnt waren. Nachdem also die Beschäftigungsförderungsprojekte vorher überwiegend in die gewöhnlichen Arbeitsabläufe der verschiedenen Abteilungen bzw. Initiativen integriert gewesen waren[63], wurden sie nun in einer Spezialorganisation zusammengeführt. Die neue Zuständigkeit umfasste außerdem das Angebot außerbetrieblicher Ausbildungen. Die KGR sollte das Gros des zweiten Arbeitsmarkts in der Kommune kontrollieren und dabei neue Zeichen setzen. Im Mai 2003 gründete sie auch eine eigene Personal-Service-Agentur (PSA).

Den Aussagen verschiedener Kernakteure zu Folge waren die Professionalisierung der Beschäftigungsförderung, aber auch deren passgenauer Zuschnitt auf die Potenziale des lokalen Arbeitsmarkts, das Leitmotiv der Organisationsgründung. Sowohl das Arbeitsamt als auch andere lokale Akteure (Gewerkschaften, Wirt-

---

[62] Konkret: die IHK, die Kreishandwerkerschaft, das Berufsförderungswerk und die Bauindustrie NRW.
[63] Es gab hier auch dezentral entwickelte Projekte zur Umschulung/Qualifizierung von Arbeitslosen. Vgl. zur Programmstruktur der Beschäftigungsförderung in der Kommune in den 1990er Jahren die Befunde von Strasser et al. (1995, 52ff).

schaftsverbände) unterstützten diese Marschrichtung. Öffentlich geförderte Beschäftigung für gemeinnützige Aufgaben sollte (allenfalls) ein Mittel zum Zweck der möglichst kurzfristigen Vermittlung in den (gewerblichen) Arbeitsmarkt sein. Da die KGR nun faktisch die Mittel der kommunalen Arbeitsförderung kontrollierte, konnte sie diesen Ansatz auch vor Ort gegenüber anderen Trägern der Beschäftigungsförderung in Stellung bringen.

Die internen Strukturen wurden stringent auf diesem Handlungsansatz ausgerichtet: Die Beschäftigungsmaßnahmen erfolgten im Rahmen eines Fallmanagements; dessen Schwerpunkte bildeten die Organisierung von Praktika bei gewerblichen Firmen, die die Maßnahmenteilnehmer gegebenenfalls einstellen sollten[64], sowie (lange Zeit) die Vermittlung von Allgemeinqualifikationen in einem Schulungszentrum. Die Beschäftigungsprojekte selbst (z.b. der Ausbau von Spielplätzen oder die Verbesserung schulischer Infrastrukturen im Stadtteil) erschienen zunehmend zweitrangig; der entsprechende Energieaufwand (z.B. die Präsenz von Anleitern) in den Projekten wurde eingeschränkt. Die Maßnahmenteilnehmer wurden vielmehr häufig aus dem Arbeitszusammenhang „herausgerissen", um vermittlungsorientierte Aktionen (Praktika) durchzuführen. Lokale Belange sollten für die Organisation der Beschäftigungsförderung bzw. Arbeitsmarktintegration keine zentrale Orientierungsgröße mehr sein. Es wurde stattdessen zu einem wichtigen Ziel, die Maßnahmenteilnehmer auf eine Beschäftigung im überregionalen Raum vorzubereiten – insofern sahen die Verantwortlichen sogar Nachteile bei einer Fokussierung von Projekten im lokalen Umfeld.

b.) Dynamiken der Organisationsentwicklung

Die Leitungsstruktur der KGR reflektiert die Logik einer „public-private partnership", die stark auf die Perspektive der gewerblichen Wirtschaft zugeschnitten ist. Die treibenden Kräfte des oben dargestellten Organisationsansatzes sind damit aber noch nicht hinlänglich umrissen. Der Manager der Organisation ist führender Funktionär der lokalen Sozialdemokratie, und als solcher gehört er zu den regionalen „think tanks" der Arbeitsmarktpolitik. Andere Vorstandsmitglieder üben ebenfalls politische Funktionen (auch im nordrhein-westfälischen Landesparlament) aus. Der o.g. Fachbeirat repräsentiert überdies die Verbindungen des Trägers zu einer ganzen Reihe lokaler Sozialorganisationen; der Träger selbst weist in seiner Selbstdarstellung auf eine große Anzahl von Kooperationspartnern hin – von der Arbeiterwohlfahrt über Kirchengemeinden bis hin zu Berufsschulen. Die Außenvernetzung der KGR vollzieht sich zudem auch dadurch, dass das Fallmanagement sowie die Administration externer Beschäftigungsmaßnahmen systematisch Beziehungen zu anderen, nicht-städtischen Trägern impliziert. Insofern scheint die KGR in den

---

[64] Es wird allerdings berichtet, dass Praktikanten von Privatunternehmen zuweilen als billige Saisonarbeitskräfte (Urlaubsvertretungen etc.) eingesetzt wurden. Für die KGR wurde (auch deshalb) der Umgang mit potenziellen neuen Arbeitgebern zu einem schwierigen Geschäft.

Zusammenhang stärker zivilgesellschaftlich verankerter Träger eingebettet. Zu berücksichtigen ist ferner, dass der Träger zwar städtisch kontrolliert wird – der Großteil der nicht durch andere Kostenträger wie Arbeitsamt oder Europäischer Strukturfonds eingespeisten Mittel kommt aus dem Etat der Stadt. In seinen Operationen ist er jedoch zunächst relativ eigenständig und genießt auch einen Souveränität gewährenden Status als „Integrationsspezialist". Insofern verfügt er durchaus über eigene, gleichsam hybride strukturierte, Handlungsspielräume.

Die Protagonisten in der KGR haben beständig darauf hingearbeitet, ihre Organisation nach dem Modell eines effizienten Dienstleistungsunternehmens „aufzustellen". Der offizielle Diskurs wurde auf ein entsprechendes Vokabular umgestellt, u.a. ist von „Produkten" (der Beschäftigungsförderung), „Personalentwicklung" und einer vom „unternehmerischen Denken" inspirierten Sozialarbeit die Rede. Die gewerbliche Wirtschaft der Region wird als eigentlicher Auftraggeber begriffen, dessen Nachfrage nach Arbeitskräften das Förderprogramm zu strukturieren hat. Hier scheint ganz offensichtlich eine „Leitkultur" kommerzieller Serviceunternehmen durch.

Bei näherer Betrachtung erweist sich die organisationale Wirklichkeit freilich um einiges komplexer. Noch immer steht und fällt die Legitimität des Trägers damit, dass er gemeinnützige Aufgaben wahrnimmt – und das gilt auch für die Projekte der Beschäftigungsförderung. Diese Rollenzuschreibung ist die Grundlage eines „Nicht-Angriffspakts" zwischen den Stakeholdern der KGR und der lokalen Wirtschaft, die einerseits mit ins Boot geholt wird, andererseits akzeptiert, dass bestimmte (z.B. garten- und landschaftsbauliche) Arbeiten zu Integrationszwecken von der KGR betrieben werden. Aus Sicht von Overhead-Mitarbeitern haben viele Beschäftigungsprojekte darüber hinaus – entgegen der „Unternehmensphilosophie" der KGR – durchaus die Funktion, durch die Projekte *als solche* den Geförderten das Gefühl sinnvoller Arbeit (zurück) zu vermitteln. So wird von Stadtteilerneuerungsprojekten (in Schulen oder in Gärten von Quartiersbewohnern) berichtet, die die Teilnehmer außerordentlich stark motiviert hätten. Schließlich verstehen sich die „Personalentwickler" der KGR durchaus *immer auch* als sozialprofessionelle Fachkräfte, die die Neigungen bzw. persönlichen Umstände der Maßnahmenteilnehmer flexibel und partiell unabhängig vom „durchgestylten" Fallmanagement berücksichtigen. Dies geschah in der Vergangenheit konkret etwa dann, wenn Beschäftigte einen Praktikumsplatz ablehnten oder nicht in ein bestimmtes Unternehmen vermittelt werden wollten.

Allerdings sind die institutionellen Voraussetzungen, unter denen die KGR operiert, ein hartes Datum. Abgesehen vom städtischen Zuschuss bleiben die meisten Mittel maßnahmengebunden; Einnahmen aus Verkäufen oder auf freiwilligem Engagement beruhende Ressourcen sind kaum verfügbar bzw. marginal. Klassische Arbeitsbeschaffungsmaßnahmen werden kaum mehr finanziert, das „Geschäft" mit dem Sozialhilfe-Fallmanagement, der PSA und kurzfristigen Qualifizierungs- oder Reorientierungsmaßnahmen hat längst die Oberhand gewonnen. Insofern steht die Organisation unter einem hohen und spezifischen Leistungsdruck, der sich auch in ihrer Außenkommunikation zeigt, die immer wieder von Berichten über Vermittlungserfolge bzw. -quoten geprägt wird. In Teilbereichen konkurriert die KGR auch mit weiteren lokalen Angeboten zur Förderung von Langzeitarbeitslosen, v.a. im Qualifizierungsbereich.

Die KGR reagiert auf diese Herausforderungen mit einer regen „Projektentwicklung" – Mitarbeiter des Overheads sind kontinuierlich damit beschäftigt, neue Maßnahmen zu konzipieren; teilweise werden sie darin sogar auf eigens dafür durchgeführten Seminaren geschult. Das Fallmanagement operiert auf der Basis eines standardisierten Arbeitsprogramms, das relativ wenig „Luft" lässt für die – wie sich in der Fallstudie herausstellte – durchaus häufigen Komplikationen auf Seiten der Maßnahmenteilnehmer bzw. ihrer „compliance". Mehr und mehr steht der Träger unter dem Druck, „arbeitsunwillige" Klienten auszusortieren und seine Bemühungen auf die „Re-Integrierbaren" zu konzentrieren. Der Einstieg in den quasi-gewerblich betriebenen Arbeitnehmerverleih qua PSA ist nur ein weiterer Schritt in diese Richtung.

c.) Auf dem Weg zur (faktischen) organisationalen Metamorphose

Wie gesehen, ist die KGR von Beginn an eng mit dem Managerialismus ihrer Stakeholder verwoben, der Ende der 1990er Jahre (endgültig) eine kommunale Politik des zweiten Arbeitsmarkts ablöst. Insofern repräsentiert ihre Gründung ein Entwicklungsstadium, dem andere Praktiken bzw. Ansätze in anderen Organisationsformen vorausgegangen sind. Betrachtet man die KGR jedoch als Fortsetzung dieser Praktiken unter anderen Vorzeichen, so lässt sich durchaus so etwas wie eine Wandlungsdynamik herauskristallisieren. (Konzeptionelle) Entwicklungen in der institutionellen Umwelt sowie die (von den Stakeholdern bewusst gesuchte) Kooperation mit der Privatwirtschaft sind wesentliche Momente dieser Dynamik, die sich (de facto) als *organisationale Metamorphose* fassen lassen. Genau genommen verkörpert die Gründung des Trägers selbst eine Metamorphose. Priorität ist nicht (mehr) integrierte Beschäftigungsförderung im Sinne der Verbindung von Projekten mit sozialwirtschaftlichen Zwecken und dem Ziel des „social empowerment", sondern immer stärker der kurzfristige Vermittlungserfolg, auch um den Preis des „creaming" – also der unter Kostengesichtspunkten erfolgenden (latenten) Privilegierung der am einfachsten in den ersten Arbeitsmarkt zu reintegrierenden Klientel. Die „corporate identity" eines durchgemanagten, effizienzorientierten und an Aufträgen anderer orientierten Dienstleistungsunternehmens erscheint schillernder Ausdruck dieser Konstellation.

Daraus lässt sich allerdings nicht schließen, dass in der Praxis des Trägers sämtliche anderen Momente integrierter Beschäftigungsförderung ausgeschaltet sind. Die äußere Form entspricht nicht vollständig den tatsächlichen Organisationsinhalten – sowohl intern als auch im Hinblick auf die zivilgesellschaftlichen Außenwirkungen des Trägers. Insofern zeigt sich in Ansätzen auch das oben beschriebene Muster der *institutionellen Flexibilität*. Intern wirkt noch immer eine bestimmte Dosis „Sozialprofessionalismus", und extern arbeitet der Träger in seinen (politischen und zivilgesellschaftlichen) Umwelten daraufhin, sich bestimmte Spielräume zu einer *auch an Klientelbedürfnissen orientierten Beschäftigungsförderung* zu bewahren[65] – dies wäre sehr viel weniger der Fall, wenn es der KGR primär darum ginge, mit Arbeitsförderung Geld zu verdienen.

Fall 2: Das Kirchenwerk Ruhrstadt

Die im Folgenden portraitierte, als Abteilung eines kirchlichen Wohlfahrtsverbands gegründete, Einrichtung einer Großstadt im Ruhrgebiet führt ebenfalls eine breite Palette von Qualifizierungs- und Beschäftigungsmaßnahmen durch. Anders als bei der KGR handelt es sich um eine wohlfahrtsverbandlich eingebundene Organisation. Formal untersteht das Kirchenwerk Ruhrstadt (im Weiteren abgekürzt KWR) – wie andere Einrichtungen des örtlichen Wohlfahrtsverbands – (bis 2004) dem lokalen Kirchenkreis, de facto operiert man jedoch weitgehend eigenständig und auf eigene Rechnung. Das Aktivitätsspektrum des Trägers unterscheidet sich in mehrerlei Hinsicht von dem der KGR: Das KWR unterhält eine Reihe von Projekten, die im Bereich der Sozialwirtschaft und der sozialen Hilfe angesiedelt sind, und begreift die dadurch eröffneten Beschäftigungsmöglichkeiten als „Regenerationsphase" für Langzeitarbeitslose sowie jugendliche Menschen ohne Arbeit und Ausbildungsplatz. Hinzu kommen – mit steigender Tendenz – Kurzzeitqualifizierungen sowie Berufsvorbereitungsmaßnahmen. Viele Aktivitäten – wie etwa die Einrichtung einer „Tafel" zur Versorgung der Armutsbevölkerung mit Lebensmitteln oder eines „Seniorenkulturbusses" (der alten Menschen den Besuch von Kulturveranstaltungen ermöglicht) gehen aus Vereinbarungen mit der lokalen Sozialverwaltung hervor; andere – wie ein Haushaltsauflösungsservice und das Möbelrecycling sowie ein Alttextilienverwertungsbetrieb (mit Second-Hand-Verkauf) – sind unmittelbar auf Initiative des Trägers entstanden. Das Operationsspektrum des KWR erscheint somit für das Organisationsfeld der Beschäftigungsförderung in Deutschland durchaus typisch.

Das gilt auch für die Leitungsstruktur des Trägers: Die Steuerung aller wesentlichen Abläufe einschließlich der Programmgestaltung und der Investitionspolitik liegt in den Händen eines weitgehend selbständigen Managements, in dem ein Geschäftsführer federführend ist und sich mit einer kleinen Gruppe von Abteilungsleitern über die Marschroute der Organisation verständigt. Das Alltagsgeschäft der Einrichtung hängt in hohem Maße von der erfolgreichen Akquisition von Fördermitteln der Arbeitsverwaltung, des Sozialamts und anderer institutioneller Geldgeber (v.a. der EU) ab; anders als die KGR ist aber auch die Erwirtschaftung von Eigenmitteln eine wichtige Reproduktionsvoraussetzung. Somit steht das KWR für

---

[65] Jedenfalls erklärten verschiedene Vertreter der Organisation übereinstimmend, sie hielten nichts von einer Arbeitsmarktpolitik, die Menschen in von ihnen abgelehnte Beschäftigungsverhältnisse dränge. Mehr als „sanfter Zwang" sei kontraproduktiv.

eine neue Generation sozialer Organisationen: Es ist stark mit der Arbeits- und Sozialadministration verwoben, kann aber nicht (mehr) auf die automatische Alimentierung durch öffentliche Kostenträger setzen; vielmehr ist man verstärkt auf erfolgreiche Eigeninitiative angewiesen.

a.) Die Geschichte des Trägers

Das KWR ging aus einem Projekt zur Beschäftigungstherapie für psychisch Kranke hervor, das der örtliche Wohlfahrtsverband in den 1980er Jahren gestartet hatte. 1985 wurde entschieden, den (räumlichen) Kontext des Projekts auch für Maßnahmen der Beschäftigungsförderung zu nutzen. Es sollte ein Recycling-Unternehmen entstehen, um Erwerbslosen neue Entfaltungschancen und ärmeren Bevölkerungskreisen den Zugang zu günstigen Recycling-Produkten (Möbel und Kleidung) zu eröffnen. Einige Jahre lang wurden entsprechende Projekte in kleinem Maßstab durchgeführt. 1993 beschloss der Wohlfahrtsverband, diese Aktivität auszuweiten und auf neue Füße zu stellen. Er rekrutierte dazu einen Referenten des Kirchenkreises, der über betriebswirtschaftliche Qualifikationen verfügte und als neuer Manager die Grundkonzeption für ein eigenständiges Kirchenwerk erstellen sollte. In den Folgejahren wurde – u.a. im Rückgriff auf Stiftungs- und Lotteriegelder – kräftig investiert, die Zahl der Maßnahmenteilnehmer stieg von jahresdurchschnittlich ca. 25 in den 1980er Jahren auf 170 Ende der 1990er Jahre (zuzüglich eines Overheads von ca. zwei Dutzend Anleitern und Fachkräften). Es entstand ein modernes Betriebsgelände mit Möbel- und Textilgeschäft, Bauhof und Café. Zudem wurden weitere Second-Hand-Läden im Stadtgebiet eröffnet. Der Overhead wurde verbreitert und umfasste nun mehrere Sozialarbeiter, Anleiter und Fachpersonal für ein ebenfalls neu eingerichtetes Schulungszentrum.

Der Kernansatz des KWR war die Bekämpfung der Langzeitarbeitslosigkeit mit Hilfe befristeter Beschäftigungsmaßnahmen in Kombination mit dem Angebot preisgünstiger Produkte und Dienstleistungen für Konsumenten mit besonders niedrigen Einkommen. Diese Orientierung blieb auch in der Folge einflussreich, was in der jüngeren Vergangenheit gestartete Projekte wie die mit dem Sozialamt aufgebaute „Tafel"[66] oder der ebenfalls in Kooperation mit der Kommune betriebene o.g. „Seniorenkulturbus" deutlich vor Augen führen. Mit Hilfe von Mitteln des europäischen Sozialfonds und nach Beratungen mit verschiedenen städtischen Akteuren (Geschäftsleute, Polizei, Sozialpolitiker etc.) übernahm das KWR auch die Abwicklung eines Bauprojekts, in dessen Rahmen Sozialarbeiter und Fachanleiter ein Dut-

---

[66] Bei den „Tafeln" handelt es sich um lokale, in unterschiedlicher Form organisierte Initiativen, die bei gewerblichen Firmen (unverkäufliche) Lebensmittel einsammeln und an Bedürftige bzw. Hilfseinrichtungen verteilen. 2002 gab es 300 solcher Tafeln in ca. 9 von 10 deutschen Großstädten (vgl. von Norman 2002). Dass ein Träger der Beschäftigungsförderung die Organisation der „Tafel" übernimmt, dürfte bundesweit eher die Ausnahme sein. Zum entsprechenden Projekt des Kirchenwerks gehört im Übrigen auch die aufsuchende Versorgung von Schulkindern aus benachteiligten Stadtteilen.

zend Wohnungslose in eine normale Lebensführung zurückbringen sollen; die Klienten beteiligten sich an der Renovierung einer Immobilie mit dem Ziel, die baulichen Voraussetzungen für die Eröffnung eines Lokalmuseums zu schaffen. Zu einem festen Bestandteil des Strategiekonzepts des KWR entwickelte sich schließlich die Organisierung von Stadtteilfesten sowie eines „alternativen" Weihnachtsmarkts, was den Zweck verfolgt, die Einrichtung besser in ihr lokales Umfeld einzubetten. Die Gemeinwesenorientierung blieb also einflussreich.

Dessen ungeachtet änderte sich im Laufe der Zeit der Charakter der durchgeführten Projekte insofern, als die „Vermittlungsorientierung" der Maßnahmen allgemein an Bedeutung gewann. Es wurde ein Arbeitsvermittler eingestellt, ferner ging es nun zunehmend darum, für die Maßnahmenteilnehmer externe Praktikaplätze zu beschaffen. Längerfristige Beschäftigungsprojekte wurden seltener, das Gewicht an kurzfristigen Berufsvorbereitungs- und Qualifizierungsangeboten nahm zu. Zur Aufrechterhaltung der „Produktionslinien" musste – auch aufgrund einer veränderten Bewilligungspolitik der Arbeitsverwaltung – stärker improvisiert werden, u.a. dadurch, dass das Textilrecycling durch in EU-finanzierten Lehrgängen untergebrachte (ausländische) Umschülerinnen mit getragen wurde.

b.) Dynamiken der Organisationsentwicklung

Obwohl das KWR sich als durchaus eigenständiges Unternehmen entwickelt hat, waren viele seiner Aktivitäten schon immer mit der lokalen bzw. regionalen Arbeitsmarktpolitik verschmolzen. Die Beschäftigungsverhältnisse waren mithin – so wie dies im Organisationsfeld allgemein die Regel ist – meist von vorne herein befristet. Verlängerungen oder Übernahmen wurden zwar häufig angestrebt, wenn keine andere Lösung für die Beschäftigten in Sicht war. Beides gelang aber nur in Ausnahmefällen. Das Overhead-Personal legt, wie in den Interviews deutlich wurde, bis heute großen Wert auf eine an persönlichen Lebenslagen orientierte Förderpraxis: Bei vielen Maßnahmenteilnehmern ginge es darum, diesen überhaupt so etwas wie einen normalen Arbeits- und Lebensalltag zu ermöglichen; dazu gehöre auch die Möglichkeit, sich in mehreren Abteilungen des Betriebs „auszuprobieren". Das sozialarbeiterische Angebot wurde als fester Bestandteil der Organisationspraxis etabliert; dabei sollte es Maßnahmenteilnehmern – auch spontan – grundsätzlich möglich sein, in Beratungsgesprächen persönliche Probleme (Drogen, Schulden und andere private Notlagen) vorzubringen.

Allerdings drängte der Geschäftsführer zunehmend darauf, den Spielraum der Sozialarbeit einzuschränken und stattdessen die erfolgreiche Vermittlung der Klienten in den Vordergrund des Organisationshandelns zu stellen. Es wurde ein formalisiertes Fallmanagementverfahren eingerichtet, bei dem die Sozialarbeiter den Betreuungsprozess in Gestalt einer Checkliste abarbeiten und systematisch dokumentieren. Das Management gab zudem die Order aus, „schwierige" Personen (solche, die die Arbeitsdisziplin nicht einhalten) stärker unter Druck zu setzen. Für bestimmte Programme erwartete das Arbeitsamt als Kostenträger nun konkrete

Vermittlungserfolge, außerdem forderte es die Einrichtung einer Stelle für Arbeitsvermittlung innerhalb des Betriebs. Die Beziehungen zum Arbeitsamt wandelten sich allgemein in Richtung einer weniger informellen Interaktion: Hatte man sich bis vor einigen Jahren noch pragmatisch, d.h. einzelfallorientiert und auf kurzem Wege, verständigen können[67], wird nun von einer sehr viel formalistischeren Kontrollbeziehung berichtet. Bei den berufsvorbereitenden Maßnahmen für Jugendliche besteht zunehmend ein Druck zur Ausfüllung aller freien Plätze ungeachtet der Neigungen und Fähigkeiten der Interessenten – der Träger konkurriert mit anderen Anbietern um die entsprechende Klientel, nicht besetzte Plätze bergen das Risiko, den Zugriff auf Programmmittel zu verlieren. Die Beziehung zum Sozialamt gestaltet sich demgegenüber über den gesamten Beobachtungszeitraum hinweg harmonischer, wie die o.g. gemeinsam betriebenen Projekte zeigen. Sie hat sich auch deshalb als essentiell erwiesen, weil die Sozialbehörde dem KWR Kunden für dessen Second-Hand-Geschäfte vermittelt.

Das KWR im Allgemeinen und sein Management im Besonderen sind von jeher tief im lokalen sozialpolitischen Feld verwurzelt. Aufgrund seiner Reputation im Kirchenmilieu sowie als führende Kraft in der örtlichen Sozialdemokratie verfügt der Geschäftsführer über einen beträchtlichen Einfluss vor Ort. So gelang es der Organisation, von einer ortsansässigen Stiftung Investitionsmittel zu erhalten. Außerdem besteht ein informeller Ressourcenaustausch mit der Kirchengemeinde: Dabei werden Informationen (z.B. über Beschäftigungsmöglichkeiten der Maßnahmenteilnehmer in der lokalen Wirtschaft) ausgetauscht, aber es geht auch um handfeste materielle Unterstützung (das KWR stellt der Gemeinde z.B. häufiger seinen Fuhrpark zur Verfügung, in der Gemeinde lässt sich sporadisch fachliches Know-how z.B. für die betriebswirtschaftliche Beratung mobilisieren). Die politischen Funktionen des Managers in kommunalen Gremien eröffnen Chancen auf die Beeinflussung der lokalen Arbeitsmarkt- und Sozialpolitik – jedenfalls berichtet der Manager von mehreren Situationen, in denen seine Argumentation zum Gegenstand lokalpolitischer Verhandlungen geworden sind.

Die lokale Verankerung ermöglichte es überdies, Spannungen mit Vertretern der örtlichen Wirtschaft unter Kontrolle zu halten: So warb das KWR in Lokalmedien zwischenzeitlich mit handwerklichen Diensten für Einkommensschwache, was einen Konflikt mit dem Handwerk heraufbeschwor, der aber in einem „gentlemen's agreement" ausgeräumt werden konnte (das KWR verzichtete auf öffentliche Werbung für sein Angebot, hielt dieses aber weiter aufrecht). Schließlich haben sich auch die Verbindungen zur örtlichen „wohlfahrtsverbandlichen" Konzernstruktur als hilfreich erwiesen: Der Träger konnte beispielsweise einigen seiner Beschäftigten Arbeitserfahrungen bei Pflegediensten seines (Dach-)Verbands verschaffen, ferner kooperiert er mit dessen (z.B. Drogen- und Familien-)Beratungsdiensten.

Was die Entwicklung des Ressourcenhaushalts betrifft, so weist das KWR trotz eines wachsenden Bedarfs an Eigenmitteln eine hohe wirtschaftliche Stabilität auf.

---

[67] Z.B. wenn es darum ging, einen Vertrag zu verlängern oder bestimmte Sachmittel zu refinanzieren.

Seit Mitte der 1990er Jahre liegt der Anteil der „Markteinkünfte" (aus Produktverkäufen und Diensten) bei 20% des Gesamtbudgets. Die Eigenmittel werden für Investitionen und Sachmittel verwendet, die durch die Fördergelder immer weniger abgedeckt werden. Im Bereich der Tafel sowie für das Kulturbusprojekt spielten zuletzt auch freiwillige Zuwendungen eine größere Rolle. Beispielsweise arbeitet das KWR mit einer Kirchengemeinde zusammen, um Spenden zur Subventionierung von Eintrittskarten für Kulturveranstaltungen zu sammeln. Insgesamt hat sich der Träger durch seine „Ressourcenpolitik" gewisse Bewegungsspielräume erhalten können.

c.) Institutionelle Flexibilität in harten Zeiten

Es ist nicht ganz leicht, die Entwicklung des KWR eindeutig zu charakterisieren. Grundsätzlich zeigt sich, dass der ursprüngliche Handlungsansatz – wenngleich er sukzessive formalisiert worden ist – bis in die jüngere Vergangenheit hinein einflussreich geblieben ist: Es geht nach wie vor um die Kombination von Beschäftigungsförderung und gemeinnützigen Projekten, und nach wie vor orientiert sich das Förderkonzept am Ziel eines ganzheitlicheren „social empowerment". Allerdings hat die zuletzt stark akzentuierte Vermittlungsorientierung in den Organisationsprozessen die o.g. Projektorientierung sowie die empowerment-Perspektive stärker in den Hintergrund gedrängt. Offenbar reagiert der Träger hier auf die Erwartungen einer zunehmend von managerialistischen Attitüden durchsetzten sozial- und arbeitsmarktpolitischen Umwelt. Dessen ungeachtet hat sich das KWR bislang nach der Logik der *institutionellen Flexibilität* entwickelt: Bis zuletzt gab es immer wieder Initiativen, gemeinwesenorientierte Projekte zu entwickeln und sich auch im politischen Umfeld vor Ort im Sinne des eigenen Ansatzes zu engagieren. Die Übernahme von Teilen des managerialistischen Diskurses trägt in Teilen instrumentelle Züge und bleibt selektiv; die Organisation nutzt vielmehr bestehende Spielräume, um ihre ursprüngliche Konzeption auch in harten Zeiten nicht aus den Augen zu verlieren.

Fall 3: Vorstadtverein Köln (VV)

Der nachfolgende portraitierte, in einem Kölner Vorort angesiedelte und zum Zweck der Gemeinwesenarbeit gegründete, Verein gehört zu jenen Akteuren der Beschäftigungsförderung, aus deren Perspektive die Beteiligung an Arbeitsmarktprogrammen nur ein Mittel zu anderen organisationspolitischen Zwecken darstellt. Der Träger ist von seinem Kern her eine Vereinigung von Mietern und Sozialarbeitern, die sich zur Förderung vernachlässigter Kölner Stadtteile gegründet und in ihren Gemeinwesenprojekten auf einzelne Beschäftigungsförderungsmaßnahmen der Arbeits- und Sozialverwaltung zurückgegriffen hat. Gestartet als Bewegungsorganisation für sozial Benachteiligte hat sich der Verein zu einem Träger mit zwei weit gehend voneinander getrennten Standbeinen entwickelt: ein Gemeinwesenprojekt, das schwerpunktmäßig im Bereich der Jugend- und Mieterarbeit verankert ist, und eine sog. Jobbörse (mit zwei Niederlassungen), die im Auftrag der Arbeits- und Sozialverwaltung beschäftigungslose Sozialhilfeempfänger in Arbeit oder berufsvorbereitende Maßnahmen vermittelt. In der Jobbörse sind ebenfalls einzelne Teilnehmer von Beschäftigungsförderungsmaßnahmen tätig – doch auch hier ist die Arbeitsmarktintegration der auf diese Weise Beschäftigten ein Mittel zum Zweck (des Case-Managements für andere Erwerbslose). Das auf Gemeinwesenarbeit „spezialisierte" Standbein arbeitet mit ehrenamtlichen Inputs und wird zugleich aus Mitteln des Jugendamts finanziert; die Jobbörse erhält erfolgsorientierte Prämien für ihre Beratungs- und Vermittlungsangebote. Die Mittel für die Beschäftigungsmaßnahmen kommen von der Arbeitsverwaltung und aus dem Budget für lokale Arbeitsförderung (statt Sozialhilfe). Zumindest was die Rolle der Beschäftigungsförderung anbelangt, repräsentiert der Verein einen nennenswerten Teilbereich des hier betrachteten Organisationsfelds in anschaulicher Weise. Gleichzeitig steht er paradigmatisch für die Integration freier Träger in die neue „aktivierende" Arbeitsmarktpolitik.

a.) Die Geschichte des Trägers

Der Vorstadtverein Köln (im Weiteren VV) wurde Anfang der 1980er Jahre durch eine Selbsthilfegruppe von Mietern mehrerer baufälliger Wohnblocks in einem Kölner Stadtteil gegründet. Den Kern der Gruppe bildeten StudentInnen der Sozialarbeit, die sich für Maßnahmen der Stadtteilerneuerung und die öffentliche Förderung von Selbsthilfeprojekten engagierten. Es entstanden ein Mietercafé sowie verschiedene Gemeinwesenprojekte, die später im Rahmen einer Regelförderung durch das Jugendamt unterstützt wurden. Die Projekte sollten anfangs auch dazu dienen, einem Teil der Initiatoren nach Abschluss ihrer Sozialarbeiterausbildung einen beruflichen Wirkungskreis zu erschließen. Mitte der 1990er Jahre entschloss sich der Verein, an einem „Experiment" der Kölner Arbeits- und Sozialverwaltung teilzunehmen. Im Rahmen des sog. Jobbörsen-Konzeptes sollten freie Träger mit Beratungs- und Vermittlungsangeboten für sozialhilfeabhängige Arbeitslose betraut und im Wesentlichen über ein Erfolgsprämiensystem finanziert werden (neben den Kopfgeldern für erfolgreiche Arbeitsvermittlung wurde eine kleine Pauschale für Profiling, Beratung und Qualifizierungsvorbereitung ausgezahlt).[68] Anfangs sollten diese Vermittlungsanstrengungen mit Stadtentwicklungsprogrammen kombiniert werden, was dann jedoch aufgrund fehlender Finanzmittel aufgegeben wurde. Nach einigen internen Diskussionen – es gab sowohl im eigenen Verein als auch im lokalen Organisationsfeld Widerstände gegenüber einer „Kollaboration" mit der lokalen

---

[68] Das Kölner Jobbörsen-Modell gilt als (für viele vorbildhafter) Vorgänger der Maßnahmen, wie sie später im Zuge der Hartz-Reformen flächendeckend in ganz Deutschland eingeführt werden sollten. Zu der Anlage des Modells und seinen Schattenseiten vgl. Münch (2001) sowie „Die Zeit" vom 23.10.2003.

Arbeitsmarktpolitik – übernahm der VV zwei Beratungs- bzw. Vermittlungseinrichtungen an Standorten mit besonders hohem Problemdruck. Bald stellte man fest, dass es die Kostenträger des Jobbörsenprogramms mit der Erfolgskontrolle sehr genau nahmen und akribisch danach gefahndet wurde, welche der von den Jobbörsen beratenen Klienten die ihnen unterbreiteten Arbeitsangebote ausschlugen (ihnen drohte eine Kürzung ihrer Sozialeinkommen). Aus Sicht des VV sollten die Einrichtungen ihre Klienten anwaltschaftlich nach Maßgabe ihrer Interessen beraten und die Kontrollambitionen der Arbeitsmarktpolitik „in Schach halten". Dies erwies sich in der Folgezeit allerdings als immer schwieriger.

Der Verein setzte gleichzeitig seine Gemeinwesenprojekte fort: Das Mietercafé und die Jugendkulturarbeit wurden organisatorisch vom „Jobbörsengeschäft" getrennt, und nur gelegentlich – etwa anlässlich von Feiern im Quartier – kommen die Beschäftigten beider Standbeine miteinander in Berührung. In den Projekten arbeiten einzelne Teilnehmer von Beschäftigungsfördermaßnahmen, außerdem sind hier auch einige Freiwillige (v.a. Bewohner der Miethäuser) tätig. Hingegen spielt das ehrenamtliche Engagement von Studenten keine Rolle mehr. Die jüngste Entwicklung ist von dem Versuch des Trägers geprägt, sein Aktivitätsspektrum auszuweiten. Kern dieses Vorhabens war ab etwa 2001 die Eröffnung eines eigenen Supermarkts in einem vernachlässigten Kölner Stadtteil: Das Ziel bestand in der Einrichtung von Ausbildungsplätzen für sozial Benachteiligte und der Erzielung neuer Eigenmittel. Das Projekt, für dessen Konzept der Träger sogar einen Förderpreis der Landesregierung erhielt, scheiterte dann allerdings an verschiedenen Umsetzungsproblemen; u.a. bestanden beim Träger und bei Kreditgebern Zweifel an der wirtschaftlichen Überlebensfähigkeit des Supermarkts, auch angesichts der gewerblichen Konkurrenz am Standort.

b.) Dynamiken der Organisationsentwicklung

Den Kernaktivisten des VV war v.a. in den Anfangsjahren besonders daran gelegen, Selbsthilfe und „social empowerment" mit politischem Engagement zu kombinieren. Im Zuge des dargestellten Etablierungsprozesses verlor allerdings der Bewegungscharakter des Vereins zunehmend an Bedeutung. Stattdessen beschäftigte man sich stärker mit der lokalen Sozialbürokratie. Dennoch sollte es auch im Rahmen einer durchprofessionalisierten Organisationsstruktur noch möglich sein, das politische Ziel der Interessenvertretung von „policy takern" praktisch weiter zu verfolgen. Da es kaum Aussichten auf eine hinreichende öffentliche Förderung im Rahmen der Gemeinwesenarbeit gab, erhoffte man sich vom Jobbörsenprogramm die Erschließung neuer Spielräume für dieses Unterfangen. Das „empowerment"-Ziel wurde aber *für die Beschäftigungsmaßnahmen* schnell zweitrangig: Gefragt war eine reibungslose Integration der Maßnahmenteilnehmer in das Alltagsgeschäft des Trägers (v.a. der Sekretariatsbetrieb für die Vermittlungseinrichtungen), und dies erforderte die strenge Auswahl von Bewerbern nach Fähigkeiten und sofortiger Nutzbarkeit. Eine Betreuung der Maßnahmenteilnehmer durch das Stammpersonal war zwar vorgesehen, konnte aber allenfalls im Café-Projekt organisatorisch bewältigt werden.

In bestimmter Hinsicht entwickelte der Träger nach der Übernahme der Jobbörsenfunktion einen stärker betriebswirtschaftlich ausgerichteten Ansatz. Die Klienten der Vermittlungseinrichtungen wurden als „Kunden" bezeichnet, die Organisationsleistungen als „Produkte" definiert. Intern wurden hierarchische Strukturen eingeführt, nachdem die Vereinsführung bis dahin weit gehend „basisdemokratisch" in den Händen eines größeren Kollektivs gelegen hatte. Insbesondere die Planung des o.g. Supermarktprojekts wurde im Stile eines „Business-Plans" vorangetrieben, auch um Kreditinstitute und Lokalpolitiker für dessen Unterstützung zu gewinnen.

Allerdings ist die neue Managementorientierung nur ein Teil der Geschichte. Ein Großteil des Overhead auch in den Vermittlungseinrichtungen orientierte sich weiterhin an Maßstäben einer klientenorientierten Sozialarbeit, für die das persönliche Fortkommen der betreuten Personen im Vordergrund steht. In der Alltagspraxis der Einrichtungen, so wird von Seiten der Angestellten berichtet, gehe es immer auch darum, die Belange der „Kunden" möglichst umfassend zu berücksichtigen. Beispielsweise würden Zahl und Dauer der „amtlich" vorgesehenen Beratungsgespräche häufig überschritten, wenn dies aus Sicht der Berater erforderlich erschiene. Auch werde versucht, eine etwaige Ablehnung von angebotenen Arbeitsplätzen gegenüber den Kostenträgern in einem positiven Licht dazustellen, damit Leistungskürzungen vorerst unterbleiben. Zudem sei die Devise ausgegeben worden, trotz des Prämiendrucks auch andere Orientierungsangebote zu unterbreiten als die Aufnahme einer (den Klienten nicht angemessenen) Beschäftigung.

Bedeutsam ist überdies, dass der VV hochgradig in die lokale Politikumwelt eingebunden ist. Der Geschäftsführer unterhält Bindungen zum rot-grünen Milieu und ist Mitglied im Wohlfahrtsausschuss der Stadt. Auch andere Mitglieder des Overhead sitzen in öffentlichen Gremien. Diese Verankerung verweist auf eine nach wie vor lebendige Beteiligung des Vereins an sozial- und arbeitsmarktpolitischen Prozessen. Allerdings sieht sich die Organisation seit Mitte der 1990er Jahre mit ihrem Ansatz der Gemeinwesenarbeit in die lokalpolitische Defensive gedrängt, auch weil die „Wohlfahrtseliten" der Stadt hier kaum mehr Handlungsbedarf sähen. Wichtige Kontakte bestehen auch zu anderen zivilgesellschaftlich verankerten Umwelten: So ist ein Vorstandsmitglied in der Kirche aktiv, was z.B. die Mobilisierbarkeit spontaner (Klein-)Spenden erhöht.

Dessen ungeachtet hängt der VV wirtschaftlich stark von den Vermittlungserfolgen der Jobbörse ab, während für die Gemeinwesenprojekte zunehmend weniger öffentliche Gelder und ehrenamtliche Ressourcen zur Verfügung stehen. Eigenmittel lassen sich nur in sehr bescheidenem Umfang akquirieren (v.a. durch sporadisch angebotene Catering-Dienste bei Festlichkeiten im eigenen Café). Der Träger erhält nur vereinzelt Spenden für außergewöhnliche Vorhaben: Z.B. wurde ein Kunstprojekt für Jugendliche durch eine Materialspende eines ortsansässigen Unternehmens gesponsert. Die Beziehungen zu anderen sozialen Organisationen haben sich in der Vergangenheit in Einzelfällen ebenfalls als wirtschaftlich produktiv erwiesen – so konnte man bei Renovierungsarbeiten in den Einrichtungen der Jobbörse auf die preisgünstigen Dienste eines (anderen) lokalen Trägers der Beschäftigungsförderung zurückgreifen. Es gilt indes zu berücksichtigen, dass der VV de facto in einem Sozialmarkt agiert. Teilweise konkurrieren die Jobbörsen um Vermittlungsfälle, außerdem gibt es einen potenziellen Trägerwettbewerb auch im Bereich der Gemeinwesenprojekte (gerade wenn es um die Gewährung von Mitteln der lokalen Beschäftigungsförderung geht). All dies hat das Management zunehmend dazu veranlasst, intern auf eine von harten Effizienzkriterien bestimmte Arbeitsweise v.a. der Jobbörse zu drängen.

c.) Zwischen institutioneller Flexibilität und organisationaler Metamorphose

Insgesamt ist deutlich erkennbar, dass sich der VV auf eine stärker betriebswirtschaftlich geprägte Strategie zu bewegt hat. Ganz offensichtlich steht die Organisation unter dem Druck der managerialistischen Orientierung von Kostenträgern und sozialpolitischen Akteuren. Die tendenzielle Rückführung pauschaler Zuwendungen und deren Ersatz durch „leistungsorientierte" bzw. vermittlungserfolgabhängige Fördermittel sind folgenschwer. Zu berücksichtigen ist aber auch der Schwund an „Bewegungsenergien" im Ressourcenhaushalt des Vereins. Vergleicht man den ursprünglichen Handlungsansatz des Trägers mit dessen Entwicklung in der jüngeren Vergangenheit, so wird insofern eine *organisationale Metamorphose* erkennbar, als seine Expansionsstrategie – i.e. der Einstieg in das Jobbörsenprogramm – diesen Handlungsansatz kaum mehr weitertransportiert. Die „empowerment"-Perspektive wirkt in den Vermittlungsbüros nur mehr auf subversive Weise, handlungsleitend kann sie kaum mehr sein. Das färbt auch auf die in den Büros selbst durchgeführten Beschäftigungsmaßnahmen ab. In den Gemeinwesenprojekten liegen die Verhältnisse etwas anders: Hier lassen sich die Beschäftigungsmaßnahmen in ein Organisationskonzept einbinden, das Arbeitsförderung mit anderen sozialen Zielen verbindet und dabei auf verschiedene, auch ehrenamtliche, Ressourcen zurückgreift. Besonders an dieser Stelle, aber auch in den „Subversionspotenzialen" einer auch anwaltschaftlichen Klientenberatung, kommen mithin auch Momente einer *institutionellen Flexibilität* zum Vorschein.

Fall 4: Der „Senioren-Verein Ost"

Der „Senioren-Verein Ost" (im Folgenden SVO) steht in gewisser Weise für jene blühende Landschaft der Beschäftigungsförderung, die sich Anfang der 1990er Jahre in den östlichen Bundesländern ausbildete und zwischenzeitlich zu einer Renaissance des „Konzepts zweiter Arbeitsmarkt" führte. Wie im ersten Kapitel bereits erläutert, wurden zur Dämpfung der im Beitrittsgebiet auftretenden Arbeitsmarktprobleme eine Vielzahl von Projekten der Beschäftigungsförderung eingerichtet (und öffentlich finanziert); dabei handelte es sich einerseits um große Auffanggesellschaften bzw. kommunale Träger, andererseits um eine bunte Palette von kleineren, im lokalen Nonprofit-Sektor verankerten Initiativen. Der SVO ist – von seinem Ursprung her – der zweiten Kategorie zuzurechnen. Er entwickelte sich von einer kleinen „Selbsthilfe"-Gruppe für ältere Menschen zu einem Projektkonglomerat mit (über die Jahre hinweg) insgesamt 1.000 Beschäftigten, in dem sich viele Potenziale für neuartige Formen sozialer Dienstleistungen und für innovative Gemeinwesenarbeit auftaten. Mit einer dezentralen Leitungsstruktur, einem (anfänglich) hohen ehrenamtlichen Input und einer zwischenzeitlich durchaus relevanten „Markteinkommensquote" erschien der SVO (Mitte der 1990er Jahre) durchaus typisch für den Bereich der klassisch vereinsförmig organisierten Sozialinitiative im Organisationsfeld der Beschäftigungsförderung. Im Nachhinein betrachtet war dies jedoch ein Übergangsphänomen: Denn im weiteren Zeitverlauf wurden alle Organisationsteile, die (auch) Zwecken der Beschäftigungsförderung dienten, ausgegründet bzw. abgewickelt. Übrig blieb lediglich ein Vereinskern, der diverse Kultur- und Freizeitangebote organisiert.

a.) Die Geschichte des Trägers

Der SVO entstand als eine „Selbsthilfegruppe" von älteren Menschen, die daran interessiert waren, ihre eigenen (Umbruchs-)Biografien schriftstellerisch zu bewältigen. Der Protagonist der Gruppe war zu diesem Zeitpunkt Direktor eines städtischen Kulturprojekts, engagierte sich aber unabhängig davon für die Förderung der neu gebildeten Vereinigung. Bald erweiterte sich das Aktivitätsspektrum des „Schriftstellerclubs". Im Jahre 1993 startete ein erstes (öffentlich gefördertes) Beschäftigungsprojekt, dem weitere folgten.[69] Die Einrichtung von neuen Arbeitsplätzen in der Kulturarbeit, im Feld personenorientierter Dienstleistungen und im Bereich der Freizeitorganisation avancierte zu einem zentralen Ziel der Vereinigung. Es entstanden soziokulturelle Zentren mit diversen Angeboten, wobei es dem Träger lange Zeit recht leicht viel, für seine Projekte Lohnzuschüsse aus der Arbeitsverwaltung zu mobilisieren. Ehrenamtliche Inputs spielten eine immer geringere Rolle, auch Spenden und Mitgliedsbeiträge waren für den Ressourcenhaushalt des Trägers unwesentlich. In einzelnen Feldern erregte der Verein überregionales Aufsehen: So erhielt er für einige seiner Projekte Förderpreise und Mittel aus öffentlichen Fonds für Sozialinnovationen. Der Verein weitete in der Folgezeit sein Operationsspektrum noch aus: Er übernahm von der Stadt die Verwaltung von zehn Kindergärten[70] und startete ein Projekt „Betreutes Wohnen". In diesem Projekt wurden die vorwiegend älteren Bewohner dreier baufälliger Wohnblöcke während umfassender Renovierungsarbeiten zunächst umfassend betreut und nach deren Abschluss mit sozialen Diensten und kulturellen Angeboten versorgt. Mit solchen Projekten

---

[69] Vgl. zur Geschichte des Trägers und ihren Hintergründen auch das Fallportrait in Evers et al. (2002:179ff).

[70] Dies erfolgte auf eine entsprechende Anfrage der Kommune im Jahre 1995 hin. Der SVO (bzw. eine eigens gegründete Suborganisation) wurde zum Arbeitgeber von 100 Erziehern und erhielt erstmals Zugriff auf eine Regelförderung abseits der arbeitsmarktpolitischen Instrumente.

stellte sich der SVO als ein kreatives, sozialwirtschaftlich engagiertes Unternehmen dar, das sich von der „Arbeitsbeschaffungsmaschinerie" der ostdeutschen Beschäftigungsförderung durchaus abzuheben wusste.

Was die Beschäftigungsprojekte betrifft, so handelte es sich stets um befristete Arbeitsbeschaffungsmaßnahmen. Der Träger war bemüht und gezwungen, fortwährend neue Projekte zu kreieren, um kontinuierlich über Zuwendungen zu verfügen. Da die einzelnen Projekte zunächst von ihrer Größenordnung her überschaubar blieben und mit vergleichsweise kompetenten (und besonders motivierten) Beschäftigten besetzt werden konnten, waren hierarchische Kontrollen weit gehend entbehrlich. Einige der Mitarbeiter blieben dem Verein über mehrere Projekte hinweg erhalten, andere mussten nach Projektende ausscheiden (um dann – in manchen Fällen – später wieder neu eingestellt zu werden). Manche Mitarbeiter wurden auch in Qualifizierungen vermittelt. Auf sozialarbeiterische Betreuung konnte verzichtet werden. Im weiteren Verlauf war der SVO dann allerdings damit konfrontiert, dass das Reservoir an kompetenten und kreativen Arbeitskräften nicht unendlich war, und nun musste er sich auch um „sozial schwierigere" Mitarbeiter kümmern.

Für die Entwicklung des Trägers war das o.g. Projekt zum „betreuten Wohnen" von besonderer Bedeutung. Der SVO wurde von einer örtlichen Wohnungsbaugesellschaft damit beauftragt, für drei nebeneinander gelegene Häuserblocks die bereits erwähnten Betreuungsleistungen und Sozial- bzw. Kulturangebote zu organisieren. In der Renovierungsphase ging es v.a. darum, den alten Menschen trotz der komplikationsträchtigen Umbauarbeiten ein Verbleiben in ihren Wohnungen zu ermöglichen. Dazu wurden mehrere Dutzend Helfer rekrutiert. Nach Abschluss der Arbeiten startete (mit reduzierter Belegschaft) das Alltagsbetreuungsprogramm, das auch einen Essen-auf-Rädern-Service beinhaltete. Im Jahre 1999 entschied man sich, eine GmbH auszugründen, auch deshalb, weil die von den Hausbewohnern erhobene Unkostenbeteiligung dem Projekt einen gewerblichen Charakter verlieh (der Zugänge zu Mitteln der aktiven Arbeitsmarktpolitik versperrte). Die GmbH wurde als „joint venture" zwischen dem (zunächst) Anteile haltenden Verein und einem privaten Pflegedienst gegründet, in der Hoffnung, Quersubventions- bzw. Synergiepotenziale zu erschließen. Der Pflegedienst war daran interessiert, über das Projekt einen Klientenstamm aufzubauen; der SVO konzentrierte sich auf die Unterstützung der im Haus selbst angebotenen Freizeitveranstaltungen. Ein Jahr darauf kam es aber zwischen den Anteilseignern zu einem Zerwürfnis, auch weil der SVO seinem Partner eine zu sehr von kommerziellen Kalkülen inspirierte Unternehmensstrategie vorwarf. Der SVO gab seine Anteile auf, während die GmbH in zusätzliche Geschäftsfelder (Catering und Personentransportdienste) investierte. In den Häusern wurden nur mehr vereinzelt Freizeitaktivitäten angeboten, die weit gehend vom Engagement des verbliebenen Betreuungspersonals sowie einer kleinen Anzahl Ehrenamtlicher abhingen.

Unabhängig von der Entwicklung des Wohnprojekts sah sich der SVO Ende der 1990er Jahre immer größeren Schwierigkeiten bei der Mobilisierung von Fördermitteln der Arbeitsverwaltung gegenüber. Das Arbeitsamt wurde in seiner Bewilligungspraxis allgemein restriktiver und warf dem Träger vor, seine Dokumentations- und Rechnungslegungspflichten vernachlässigt zu haben. Es erhob zudem finanzielle Rückforderungen in sechsstelliger Größenordnung. Der SVO hörte auf, als Träger der Beschäftigungsförderung zu existieren und musste alle Festangestellten entlassen. Durch eine informelle Kooperation mit der verselbständigten „Kindergartenabteilung" blieb es ihm möglich, weiterhin Kulturveranstaltungen zu organisieren. Auch zwei sozio-kulturelle (Jugend-)Zentren, die auf eine kommunale Regelförderung zurückgreifen können, haben überlebt. Ansonsten musste das Projekt SVO aufgegeben werden.

b.) Dynamiken der Organisationsentwicklung

Der SVO hat sich in den Jahren seiner Existenz als Träger der Beschäftigungsförderung zu einer Organisation mit mehreren Standbeinen entwickelt. Die Expansion und Etablierung des Trägers wurde maßgeblich durch Mittel der Arbeitsmarktpolitik ermöglicht, hinzu kamen später Gelder aus der kommunalen Regelförderung sowie projektbezogene Finanzierungen auch von anderer Seite (Wohnungsbaugesellschaft und überregionale Fonds). Für einzelne Projekte wurden zudem Nutzerentgelte erhoben. Eine wesentliche Ursache der Organisationskarriere waren aber die kreativen Leistungen des Managements, die anfangs stark von ehrenamtlichem Input lebten.

Für diese Karriere waren im weiteren Verlauf aber auch die Beziehungen zu politischen bzw. zivilgesellschaftlichen Umwelten von großer Bedeutung. In seiner Hochzeit unterhielt der SVO gute Beziehungen zur kommunalpolitischen „Szene": Der Geschäftsführer wurde auf Anfrage der PDS (parteiloses) Ratsmitglied, gleichzeitig rekrutierte er für die Leitung der „Kindergartenabteilung" einen ihrer Parteifunktionäre. Der Vorsitzende des örtlichen Wohlfahrtsausschusses wurde Ehrenmitglied des Vereins, und auch die Beziehungen zur lokalen Arbeitsverwaltung gestalteten sich äußerst kooperativ; der Verein wurde von dieser regelrecht dazu ermuntert, neue Projekte zu entwickeln. Die Geschäftsführung verfügte zudem über einen guten Draht zu den örtlichen Medien.

Im weiteren Verlauf änderten sich jedoch die Verhältnisse durchgreifend. Intern wuchs der Stellenwert betriebswirtschaftlicher Größen v.a. im Zusammenhang mit der Ausgründung des Wohnprojekts. Das Management der GmbH definierte letzteres zum Gewerbeobjekt um und drängte auf eine Ausweitung der unmittelbar marktbezogenen Leistungsangebote, während der Vereinskern an seinem eher sozialen Organisationsverständnis festhielt. Die Inkorporierung des Pflegedienstes setzte somit zentrifugale Kräfte frei. Gleichzeitig schien die eher kleinteilige, auf beständiges Improvisieren angewiesene Projektarbeit immer weniger in eine sich zusehends formalisierte Landschaft sozialer „public-private partnerships" zu passen – (auch) die Beschäftigungsförderung wurde zunehmend auf etablierte, stärker durchprofessionalisierte Großorganisationen verlagert. Die politischen Allianzen reichten nicht aus, diesen Wandel der Umweltverhältnisse zu konterkarieren. Die

Energiezufuhr in das prekäre, in seinen „Hybriditätsstrukturen" fortwährend neu auszubalancierende sozialwirtschaftliche Projekt wurde also sowohl von außen als auch von innen aufgezehrt.

c.) Stabilitätserfolge und „isomorphistischer" Umbruch

Auch der Fall des SVO lässt sich bezüglich der in ihm aufscheinenden Transformationslogik nicht eindeutig charakterisieren. Bis Ende der 1990er Jahre hat sich der Verein als gemeinwesenorientierte und sozialwirtschaftlich ambitionierte Organisation fest etabliert, insofern gab es lange Zeit *organisationale Stabilität*. Ungeachtet des Umstands, dass die Bedeutung freiwilligen Engagements rasch abnahm, machte sich in der Praxis des Trägers vielfach ein zivilgesellschaftlicher Rückbezug bemerkbar: z.B. bei der Aktivierung eigener „Dienstleistungsklienten" in der Kulturarbeit oder über die dargelegten Vermittlungsfunktionen im lokalen Politikfeld. Zum Ende dieser „Erfolgsperiode" begab sich die Organisation dann aber in neue Geschäftsfelder, und dieser Prozess markiert den Einstieg in den Ausstieg aus dem sozialwirtschaftlichen Ansatz. Die „GmbHisierung" des Wohnprojekts, aber auch die Integration von Teilen des Trägers in die kommunalpolitisch gesteuerte Kinderbetreuung steht de facto für eine Angleichung der Organisationspraxis an die im gewerblichen und öffentlichen Sektor übliche organisationale Reproduktionslogik. Insofern kann man hier von einem Umbruch in Richtung *institutionellen Isomorphismus* sprechen. Es geht dabei allerdings nicht mehr um Beschäftigungsförderung; dieses Aktivitätsfeld hat sich im Zuge des dargestellten Transformationsprozesses als nicht überlebensfähig herausgestellt.

3.1.2 Von der Allroundorientierung zur Dienstleistungsmentalität? *Eine Interpretation der Organisationskarrieren*

Nach der Präsentation der Fallskizzen gilt es nun, die in ihnen aufscheinende Entwicklungsdynamik im Hinblick auf allgemeine Trends vergleichend in Augenschein zu nehmen. Die Befunde sind zwar insofern kontingent, als sie auf einem kleinen Sample von Fällen beruhen. Sie bilden gleichwohl eine unabhängig von der vorherrschenden Steuerungskultur bestehende Bandbreite möglicher Organisationsentwicklungsprozesse ab. Gleichzeitig können – in Anbetracht der Heterogenität der Träger – übereinstimmende Veränderungen als Indiz für einen allgemeinen Trend gedeutet werden.[71]

Die Analyse erfolgt unter zwei verschiedenen Blickwinkeln: Betrachtet werden einerseits die im zweiten Kapitel (Abschnitt 2.3) begründeten Rahmenindikatoren, konkret: die *Ziele, Ressourcen, Identitätsprofile und Managementlogiken* der Orga-

---

[71] Ein Trend, der sich in den übrigen, hier nicht dokumentierten, Fällen aus dem Untersuchungssample bestätigte.

nisationen. Gibt es diesbezüglich, so die zentrale Frage, allgemeine Veränderungstendenzen oder ist der Organisationswandel (auch) von lokaler Varianz bestimmt? Andererseits soll danach Ausschau gehalten werden, inwieweit sich die ebenfalls im zweiten Kapitel (Abschnit 2.2) diskutierten *Kontextbedingungen* der Entwicklung sozialer Interventionen – konkret: die neue Steuerungskultur – im hier betrachteten Organisationsfeld niederschlagen. Dabei wird an der in besagtem Kapitel vorgenommenen Gegenüberstellung zweier denkbarer Konstellationen angeschlossen: nämlich der eines *umweltbedingten* und der eines *organisationspolitischen Managerialismus*. Gefragt wird danach, inwieweit diese Konstellationen in den portraitierten Fällen jeweils zur Geltung kommen bzw. inwiefern sich bei ihnen Spielräume für *gegenläufige Entwicklungsdynamiken* ausmachen lassen.

Der Wandel der Verhältnisse – Gemeinsamkeiten und Unterschiede

Betrachtet man die skizzierten Fälle zunächst daraufhin, in wie weit sich in ihrer Geschichte eine *gemeinsame Entwicklungsdynamik* widerspiegelt, so gelangt man – angesichts der Veränderungen, die die für diese Studie gewählten Indikatoren anzeigen – zu einem relativ eindeutigen Befund: Das Organisationsfeld entwickelt sich weg von einer zivilgesellschaftlich geprägten, sozialwirtschaftlich orientierten Integrationspraxis hin zu einem durch managerialistisches „streamlining" dominierten „Vermittlungsbusiness". Durchaus im Sinne eines „totalitären" Rekurses auf betriebswirtschaftliche Steuerungskonzepte, aber im Gegensatz zu dem, wofür viele Beschäftigungsförderungsbetriebe einmal angetreten sind, wird die Verknüpfung gemeinwesenbezogener, sozialer und arbeitsmarktpolitischer Ziele in vielerlei Hinsicht einseitig aufgelöst; an die Stelle einer eigensinnigen „Allroundorientierung" der Organisationen tritt über weite Strecken eine managerialistisch verformte Dienstleistungsmentalität:

- Was die Entwicklung der *Ziele* betrifft, ist bei allen Trägern (bzw. ihren Vorgängern im Falle der KGR) zunächst ein Handlungsansatz prominent, bei dem die Kombination von Arbeitsmarktintegration und an Bedarfen des Gemeinwesens orientierten Projekten (v.a. Bau- und Dienstleistungen) im Mittelpunkt steht, (mehr oder weniger) verbunden mit der expliziten Orientierung an sozialem „empowerment". Im weiteren Verlauf kristallisiert sich die zunehmende Relevanz einer „arbeitsmarktpolitischen Dienstleistungsfunktion" heraus – die kurzfristige Vermittlung in den ersten Arbeitsmarkt erhält höchste Priorität, und gerade dort, wo Aspekte des sozialen „empowerment" (sei es im Sinne anwaltschaftlichen Handelns, sozialarbeiterischer Begleitung oder sozialer Selbsthilfe) den Ansatz der Träger besonders prägen, geraten diese unter verstärkten Außendruck.
- Hinsichtlich der *Ressourcen* ist augenfällig, dass die Investitionen in Projekte einer organisierten Beschäftigungsförderung (mit Ausnahme des kommunalen Trägers) zunächst unmittelbar aus zivilgesellschaftlichen Kontexten heraus erfolgten; dem schloss sich verbreitet eine Abhängigkeit von öffentlichen Kosten-

trägern an, wobei die Budgets der Unternehmen teil- und zeitweise durch Eigenmittel arrondiert werden konnten. Schließlich lässt sich überall eine zunehmend stärkere Ausrichtung der öffentlichen Ressourcenalimentierung auf die arbeitsmarktpolitische Dienstleistung der Träger beobachten, während gleichzeitig „Bewegungsenergien" bei den Trägern bzw. ihren (zivilgesellschaftlich verankerten) Stakeholdern an Bedeutung verlieren.

- Auch bezüglich der bei den Trägern ausgebildeten *„corporate identity"* gibt es bestimmte allgemeine Transformationstendenzen: Sieht man von der kommunalen Beschäftigungsförderungspraxis im Fall der KGR-Vorgänger ab (wo sich eine trägerzentrierte Identität nicht bilden kann), gibt es zunächst – mehr oder weniger prominent – Andeutungen eines sozialwirtschaftlichen Selbstverständnisses. Es geht um „Arbeit und Kultur", um „kreative Senioren" oder um Engagement im „Veedel". Diese Selbstbeschreibungen bleiben allerdings diffus; meist sind sie in einem konkretistischen Verständnis der eigenen Initiativen als soziale Dienste, Gemeinwesenarbeit, ökologische Innovation und soziale Hilfe aufgehoben. An Bedeutung gewinnt im weiteren Verlauf überall (wenngleich in verschiedenen Versionen) eine durch betriebswirtschaftliches Denken geprägte Vorstellung vom eigenen Betrieb als effizienter Dienstleister im Auftrag von (privaten und öffentlichen) Kunden – der Unterschied zwischen dem genuin hybriden Charakter der eigenen Organisation einerseits und gewöhnlichen Gewerbebetrieben andererseits verschwimmt.
- Im Hinblick auf die *Managementlogik* der Organisationen ist zunächst ersichtlich, dass die anfangs *intern* (bei den nicht-kommunalen Trägern) ausgebildeten verbandszentrierten bzw. vereinsförmig-basisdemokratischen Leitungsstrukturen durch Führungsroutinen abgelöst werden, bei denen die Geschäftsführung den Ton angibt; dabei orientieren sich die Kriterien der organisationalen Steuerung stark an betriebswirtschaftlichen Rationalitäten. Was den Umgang mit *externen* Einflüssen auf die Praxis der Beschäftigungsförderung betrifft, so ist in allen Fällen zunächst ein kooperatives Verhältnis zwischen Kostenträgern und Beschäftigungsförderungsbetrieben zu beobachten. Zudem besteht ein durchaus nennenswerter Input aus zivilgesellschaftlichen Kontexten. Im weiteren Verlauf gibt es starke Tendenzen zur Internalisierung eines durch managerialistische Konzepte informierten Rollenverständnisses, welches aus den Trägern Auftragnehmer einer auf kurzfristige Effizienz ausgerichteten Vermittlungsstrategie macht und die Perspektive auf eine ganzheitlicher ansetzende, integrative Beschäftigungsförderung zunehmend verstellt. Zivilgesellschaftliche Stakeholder setzen hier kaum mehr Gegenakzente.

Ungeachtet dieser allgemeinen Entwicklungstendenzen finden sich allerdings auch nennenswerte *Unterschiede* zwischen den skizzierten Fällen – die oben genannte Dienstleistungsmentalität bestimmt das Bild (noch) nicht vollständig. In der Tat lassen sich voneinander abweichende Gesamtkonstellationen beobachten: Teilweise prägen Momente der Stabilität bzw. einer stabilitätsfördernden institutionellen Flexibilität die Entwicklungsdynamik in relativ hohem Maße, teilweise befinden sich

die Träger in einem Zustand der Metamorphose, in bestimmter Hinsicht ist auch institutioneller Isomorphismus zu beobachten. Es gibt also Varianz – und das bedeutet zugleich: Bewegungsspielräume im Schatten des Managerialismus.
- Dies gilt zunächst im Hinblick auf die *Ziele* der Träger. In einigen Fällen bzw. Projekten bleibt der sozialwirtschaftliche Ansatz lebendig (indem an Produktionskonzepten wie etwa der Kreislaufwirtschaft festgehalten oder weiterhin Projekte der Gemeinwesenarbeit kreiert werden), in anderen wird er vollständig aufgegeben.
- Bezüglich der *Ressourcen* gibt es den Fall, bei dem in größerem Umfang Eigenmittel mobilisiert und dadurch Flexibilitätsspielräume gewonnen werden, gleichzeitig aber auch eine Konstellation, in der die Abhängigkeit vom Mainstream der aktiven Arbeitsmarktpolitik (durch Arbeitsverwaltung und Kommune) erdrückend erscheint; auch informelle Beiträge (Spenden, ideelle Unterstützung, freiwilliges Engagement) spielen je nach Projekt eine unterschiedliche Rolle.
- Im Hinblick auf die „*corporate identity*" reicht das Kontinuum von offensiv auf die betriebswirtschaftliche Rationalität ausgerichteten Leitbildern bis hin zu pluralen, auch andere Aspekte weiterhin mitführenden Selbstbeschreibungen.
- Bezüglich der Entwicklung der internen *Managementlogik* gibt es eher wenig Varianz; allerdings entwickeln sich extern unterschiedliche Kooperationsverhältnisse mit politischen und zivilgesellschaftlich beeinflussten Umwelten – das Spektrum reicht von der Konstellation eines umfassenden Einflussverlustes der Träger bis hin zu einem stabilen und durchaus fruchtbaren kooperativ-interaktiven Austausch mit Sozialbehörden und Partnerorganisationen.

Natürlich lässt sich auf der Grundlage dieser Fallstudien nichts darüber aussagen, in wie weit sich eine solche Varianz im gesamten Organisationsfeld der Beschäftigungsförderung wieder finden lässt. Was aber deutlich wird, ist die Vielfalt von Entwicklungsfaktoren und -möglichkeiten. Dabei stellt sich – auch im Sinne einer theoretischen Generalisierung – die Frage, wie die in den Fallstudien geschilderten Differenzen erklärt werden können. Streng genommen lassen sich im Rahmen dieser Fallrekonstruktionen keine Kausalitäten bestimmen. Es macht aber Sinn, mit Blick auf die Relevanz managerialistischer Orientierungen im Organisationsfeld auf bestimmte Koinzidenzen hinzuweisen.

Managerialismus als (Organisations-)Politik oder (Organisations-)Politik quer zum Managerialismus

Im zweiten Kapitel ist darauf hingewiesen worden, dass der Kontext sozialer Interventionen allgemein vom Einfluss einer neuen Steuerungskultur geprägt wird. Eine zentrale Frage lautete, wie weit diese Strategien in konkreten Organisationsfeldern die Praxis einzelner Einrichtungen affizieren bzw. infizieren. Dabei wurde argumentiert, dass managerialistische Strategien auch von den Trägern *selbst* vorangetrieben werden können, diese aber gleichzeitig über Potenziale verfügen, ihre Organisationspolitik *abseits* der in ihren Umwelten dominierenden Leitbilder zu gestalten. Betrachtet man das Organisationsfeld der Beschäftigungsförderung und hier die portraitierten vier Fälle im Lichte dieser Vorüberlegungen, so entsteht folgendes Bild: Es gibt zunächst Anzeichen für eine (unternehmensextern) durch Impulse des Managerialismus (Einforderung von Vermittlungserfolgen, Leistungsbeschreibungen etc.) ausgelöste „technische" *Rationalisierung der materiellen Organisationspraxis* in den Betrieben – was zumindest teilweise mit einer Verarmung des mehrdimensionalen Integrationsansatzes korrespondiert. Die (noch existierenden) Träger haben sich zunehmend auf das „Vermittlungsgeschäft" konzentriert, für die Ermöglichung einer ganzheitlichen Arbeitserfahrung in einem (sozial-)wirtschaftlichen Milieu und für die Perspektive des sozialen „empowerment" bleibt weniger Raum. Dort, wo die Sozialarbeit zu einem wichtiger Bestandteil des Organisationskonzepts geworden ist, gerät diese ebenfalls unter den Effizienzdruck der aktiven Arbeitsmarktpolitik. Die eigenständige, einzelfall- bzw. -problemorientierte Begleitung von Maßnahmenteilnehmern wird deutlich erschwert, insofern ist ein Prozess der Deprofessionalisierung zu beobachten.

Was die Rolle *zivilgesellschaftlicher Momente* im Reproduktionsprozess der Träger betrifft, so sind zumindest bestimmte Koinzidenzen augenfällig: Im selben Maße, in dem die öffentliche Förderung nach Maßgabe des Managerialismus reorganisiert wird, schwindet der politische Einfluss der Träger im lokalen Raum, fällt die Energiezufuhr aus zivilgesellschaftlich geprägten Umwelten (Bewegungskontexten, Selbsthilfegruppen etc.) ab und sind die Träger zunehmend mit Schwierigkeiten konfrontiert, sich „integrationspolitisch" im öffentlichen Raum zu engagieren: Die Organisationen konzentrieren ihre Kräfte auf das betriebswirtschaftliche Projektmanagement, bieten weniger Raum für Initiativen jenseits dieses Kerngeschäfts (bzw. koppeln diese vom Betriebskern ab) und sind kaum mehr ein Ort für öffentliche Debatten über Stadtteilentwicklung, lokale Politik und soziale Beschäftigungsprojekte. Sofern sie selbst nur mehr Arbeitsmarktdienstleistungen erzeugen, werden sie auch uninteressant für Partnerorganisationen mit einem anderen, stärker zivilgesellschaftlich geprägten Selbstverständnis. Es liegt nahe, dass die Strategien der Kostenträger diese Entwicklung zumindest stark befördern.

Gleichzeitig aber ist Managerialismus Teil einer von den Trägern selbst aktiv verfolgten *Organisationspolitik*. Es lässt sich erahnen, dass diese sich mitunter als Pioniere des im politisch-administratuiven System angesagten neuen (managerialistischen) Denkens verstehen und die entsprechenden Transformationsprozesse mit vorantreiben. Die KGR legte sich in Übereinkunft mit ihren zentralen Stakeholdern von vorne herein und explizit auf die Maßgabe fest, sämtliche Operationen auf die genannte Dienstleistungsfunktion auszurichten und ihre praktischen Aktivitäten als bloßes Mittel zum Zweck einer Fixierung auf den ersten Arbeitsmarkt (der gleichwohl nur wenige ihrer Beschäftigten tatsächlich aufzunehmen in der Lage ist) zu begreifen. Der VV und der SVO stellten einzelne Abteilungen gezielt so (neu) auf, dass betriebswirtschaftlichen Rationalitäten ein privilegierter Platz eingeräumt wird.

Selbst im Kirchenwerk haben managerialistische Attitüden Platz gegriffen, obwohl sie hier von weiteren (auch sozialpolitischen) Rationalitäten ergänzt werden.

Allerdings: Spielräume für eine *Organisationspolitik quer zum Managerialismus* bleiben durchaus bestehen. Auch wenn es sehr viel mehr um „coping" als um offensive Gegenstrategien geht: Unter bestimmten Bedingungen konnten die analysierten Träger auch noch in der jüngeren Vergangenheit Initiativen entwickeln, die nicht in der o.g. Dienstleistungsfunktion aufgehen. Es gibt in der Tat Beispiele dafür, dass die Träger den Trend zum Managerialismus de facto unterlaufen. So war der Kern des SVO bestrebt, die gemeinwesenorientierten Komponenten des Wohnprojekts gegen Versuchungen der Kommerzialisierung zu retten und Quersubventions- bzw. Synergiepotenziale zu bewahren. Der Kölner Verein beharrt (wenn auch vielfach kontrafaktisch) auf seinem anwaltschaftlichen Leitbild, wodurch das Alltagsgeschäft von seiner politischer „agency" abgekoppelt erscheint. Das KWR spielt – in seinem Projektmanagement und in seinen Netzwerkbeziehungen – kreativ und offensiv die „soziale Karte" und verschafft sich so spezifische legitimatorische und wirtschaftliche Zusatzressourcen. Selbst für die KGR bleiben einzelne (Infrastruktur-)Projekte von ihrer sozialwirtschaftlichen Substanz her sinnstiftend, zudem lässt sich in dieser Organisation so etwas wie ein sozialprofessionelles „Restbewusstsein" ausmachen. Es gibt also eine Wirklichkeit jenseits des Managerialismus, trotz veränderter Umweltbedingungen sind die hybriden Organisationsverhältnisse noch immer wirkungsmächtig.

Auch die zivilgesellschaftliche Logik, die maßgeblich zur Etablierung der organisierten Beschäftigungsförderung beigetragen hat, entfaltet noch immer bestimmte Wirkungen. Im lokalpolitischen Raum kommunizierte und von zivilgesellschaftlich engagierten Partnern vor Ort verhandelte Belange des Gemeinwesens sind für die Praxis der Beschäftigungsförderungsbetriebe nicht gänzlich belanglos geworden. Die Träger unterhalten Beziehungen zu anderen sozialen Organisationen und ziehen daraus (auch wirtschaftliche) Vorteile. Sie können mitunter als lokale Experten agieren und sich dadurch Freiräume verschaffen. Das gilt v.a. dann, wenn besondere Kooperationskulturen ausgebildet sind: Produktive Beziehungen zum Sozialamt oder eine Regelförderung bestimmter Teilprojekte ermöglichen es den Trägern, umfassendere Integrationsziele aufrechtzuerhalten und auch weiterhin mit Maßnahmen der Beschäftigungsförderung zu verknüpfen.

Fazit: Die Analyse der Trägerkarrieren verweist auf einen Kontext organisierter Beschäftigungsförderung, der sich einerseits als von der Agenda des Managerialismus beeinflusst zeigt, so dass sich über die impressionistischen Beschreibungen aus den Fallgeschichten hinaus die Frage stellt, wie dieser Kontext auf Leitungspotenziale der Träger auf der Ebene von Organisationsprozessen konkret einwirkt. Andererseits ist es im Evaluationsprozess mit dem Verweis auf diesen Kontext nicht getan: Die Leistungsvoraussetzungen der Träger sind erstens immer *auch* organisationsseitig bestimmt und zweitens uneinheitlich ausgeprägt. Die Organisationen verfügen also über reichlich Spielraum. Damit gewinnt die qualitative Analyse von Organisationsprozessen und -strategien *vor Ort* eine fundamentale Bedeutung.

3.2 Die Leistungsfähigkeit von Beschäftigungsförderungsbetrieben – eine evaluative Analyse

Die evaluative Analyse der aktuellen Praxis von Beschäftigungsförderungsbetrieben bildet den Kern der vorliegenden Untersuchung. Nachdem sich die vorangegangenen Abschnitte den historisch gewachsenen Voraussetzungen dieser Praxis gewidmet haben, geht es jetzt um die Leistungen und Restriktionen des Organisationsfelds unter den zum Untersuchungszeitpunkt konkret gegebenen Bedingungen. Der zu diesem Zweck verwendete konzeptionelle und methodologische Ansatz ist im zweiten Kapitel bereits ausführlich dargestellt worden. Auf der Grundlage dieses Ansatzes gilt es nun Evidenzen zu versammeln, mit deren Hilfe sich präziser bestimmen lässt, was Beschäftigungsförderungsbetriebe leisten (können) und woran ihre Ambitionen teilweise scheitern. Wie bereits erläutert, geht es darum, für Leistungspotenziale bzw. mögliche Leistungsbarrieren zu sensibilisieren; der Rekurs auf empirische Befunde ist nicht so zu verstehen, dass damit die Realität organisierter Beschäftigungsförderung vollständig abgebildet wird.

Auch in diesem Abschnitt werden die Ergebnisse anonymisiert vorgetragen.[72] Die Analyse erfolgt entlang der im zweiten Kapitel entwickelten analytischen Kategorien bzw. der zur „Füllung" dieser Kategorien verfügbaren allgemeineren Rahmenindikatoren (Ziele, Ressourcen, Identitätsprofile, Managementlogiken). Es geht erstens um das Selbstverständnis der mit Beschäftigungsförderung befassten Organisationen. Zweitens richtet sich der Blick auf die Strukturqualität hinsichtlich der Fähigkeit und Neigung der Betriebe, Sozial- und Arbeitsmarktintegration zu kombinieren und dabei sinnvolle Tätigkeitsfelder zu erschließen. Drittens werden Aspekte der Procedere-Qualität in den Bereichen interne Kommunikationsverhältnisse, Flexibilität des Mitteleinsatzes und Innovationsorientierung betrachtet. Viertens behandelt die Analyse den Umgang der Betriebe mit politischen und zivilgesellschaftlich strukturierten Umwelten – und damit deren Potenziale, im Sinne umfassend integrativer Beschäftigungsförderung gestaltend zu wirken sowie auf die Handlungsbedingungen und das administrative „Design" des Organisationsfelds Einfluss nehmen zu können. Abschließend geht es (kursorisch) um „Defizitpotenziale", also hausgemachte Mängel im Organisationsfeld.

Die entsprechenden Befunde aus den Fallstudien werden beispielhaft und gleichsam summarisch präsentiert, naturgemäß ist eine vollständige Dokumentation der Ergebnisse qua dichte Beschreibung nicht möglich.[73] Letztendliches Ziel der

---

[72] Die Betriebe sind – u.a. aus Gründen, die mit den im Forschungsprojekt gegebenen Erhebungsmöglichkeiten zusammenhängen – nicht deckungsgleich mit den im Vorhergehenden „historisch" portraitierten. Auch hier betreffen die Auswertungen nur einen Teil der durchgeführten Fallstudien.

[73] Die Befunde wurden durch Interviews mit Mitgliedern des „Overheads" (Geschäftsführer, Sozialarbeiter bzw. Vermittler und Anleiter) sowie mittels Gruppendiskussionen und Ortsbegehungen erhoben. Es wird im Folgenden aus Platzgründen darauf verzichtet, die genaue Erhebungsgrundlage für jedes einzelne Ergebnis darzustellen; die Rekonstruktion der Empirie muss überdies auf die illustrative Verwendung besonders typischer Zitate beschränkt bleiben.

Darstellung ist es, Leistungspotenziale und -barrieren organisierter Beschäftigungsförderung *in ihrer Komplexität* anschaulich zu machen. Dabei wird einerseits auf konkrete Projekte – also befristete Maßnahmen, die meist in Teilbereichen der Unternehmen stattfinden – und andererseits auf projektübergreifende Sachverhalte in den (Gesamt-)Organisationen Bezug genommen.

3.2.1   Das Selbstverständnis der Organisationen

Beispiele aus dem Bereich organisierter Beschäftigungsförderung zeigen, auf welche Weise sich einzelne Träger mit dem allgemeinen Ziel einer *integrativen* Beschäftigungsförderung im Sinne des „social quality"-Ansatzes identifizieren bzw. dieses Ziel – nämlich Personen in schwierigen sozialen Lagen eine Lebensführung zu ermöglichen, die sich im Rahmen der (bislang) für abhängig Beschäftige durchschnittlich bestehenden Spielräume der sozialen und wirtschaftlichen Selbstverwirklichung bewegt – gewissermaßen reflexiv operationalisieren. Es geht hier um das Selbstverständnis, das Beschäftigungsförderungsbetriebe von ihrer Tätigkeit und ihren Zwecken haben. Dieses sich in manifesten Identitätsprofilen widerspiegelnde Selbstverständnis kann als Indiz für den Energiehaushalt der Organisationen begriffen werden. Es gibt keine Auskunft über die tatsächliche Praxis der Betriebe, verweist aber auf eine Organisationskultur, die die Betriebe nach innen wie außen bindet bzw. legitimationsstiftend ist und deren Energiehaushalt prägt.

Ein am „social quality"-Ansatz orientiertes Selbstverständnis lässt sich exemplarisch an Impressionen aus den Fallstudien demonstrieren: Diese führen vor Augen, dass im Hinblick auf die sozialen Funktionen von Beschäftigungsförderungsbetrieben die Vision eines Normalarbeitsverhältnisses, einer psycho-sozial stabilen Lebensführung und auch einer in Grenzen selbstbestimmten Lebensplanung im Anspruch der Beschäftigungsförderungsbetriebe durchaus präsent ist. Im Interview nennt beispielsweise der Geschäftsführer eines Trägers „tarifliche Entlohnung und dauerhafte Vermittlung" als für ihn zentrale Erfolgsmaßstäbe und weist zugleich darauf hin, dass es arbeitsmarktpolitische Lösungen geben müsse für die, die „keine Ich-Agentur gründen, die auch nicht nach Wuppertal umziehen und schon gar nicht nach Wolfsburg." Ein Vertreter eines anderen Trägers erklärt, „dass es nicht Ziel sein kann, die Leute alle in so Billigjobs reinzubringen, wo sie dann Überstunden machen müssen, um über die Runden zu kommen." Man müsse die Klientel dort abholen, wo sie stehe: Für bestimmte Maßnahmen „kommen die Leute hier hin und kriegen das ausführlich erzählt, erzählen vielleicht auch ausführlicher, was sie gemacht haben, und dann geht es ja schon darum, eine Idee zu entwickeln, ob das passt zu ihrem Vorhaben oder auch zu sagen, das macht keinen Sinn." Der „empowerment"-Ansatz steht auch hinter einer Bemerkung aus dem Overhead eines anderen Trägers: „Ich kann nicht irgendeinen Teilnehmer zwingen, gehen Sie jetzt da und da arbeiten. ... Er muss selbst das wollen. Das Ziel ist ja auch, ihn längerfristig in diesem Bereich zu halten." Die Vision einer nachhaltigen Arbeitsmarktintegration scheint für diesen Gesprächspartner selbstverständlich. Einer seiner Kollegen verlangt umfassende Qualifizierungsstrategien und kritisiert die Forderungen, die zunehmend von den Kostenträgern formuliert würden, nämlich: „nicht zuviel pädagogischen Sozialklimbim, sondern sozusagen, knallhart ‚on the job' und sozusagen fit und ganz schnell irgendwo: Arbeit finden."

Vor dem Hintergrund eines solchen Selbstverständnisses bzw. der diesem zu Grunde liegenden Identitätsprofile stellt sich nun freilich die Frage, in wie weit die Träger diesem Selbstverständnis gerecht werden (können). Wie im ersten Abschnitt dieses Kapitels ausgeführt, soll die *Güte der Leistungen* von Beschäftigungsförderungsbetrieben anhand von drei Kategorien bestimmt werden, wobei zugleich auch extern bedingte Leistungs*barrieren* herausgearbeitet werden.

3.2.2 Strukturqualität in der organisierten Beschäftigungsförderung

Organisierte Beschäftigungsförderung bedeutet zuvorderst passgenaue Problemlösungen für Personen ohne Arbeit. Es ist offenkundig, dass dabei die Kombination von „Sozialbetreuung" (im weitesten Sinne und so weit wie erforderlich) mit potenziell sinnstiftender weil an bestehende Bedarfe anschließende Tätigkeit ein wesentliches Gütekriterium darstellt. Beispiele aus den durchgeführten Fallstudien verdeutlichen, worum es dabei genau geht bzw. gehen kann.

- Ein Beschäftigungsförderungsbetrieb (*Träger A*) führt Second-Hand-Läden, die einerseits Einkommensschwachen im lokalen Umfeld offen stehen, andererseits aber in ihrer Gestaltung gewöhnlichen Boutiquen nachempfunden sind. Das Arbeitssetting orientiert sich an Vorbildern aus dem „richtigen" Geschäftsleben, das in die Maßnahme eingebundene Praktikum wird im gleichen Berufs- bzw. Geschäftsfeld organisiert, die Tätigkeiten sind so arrangiert, dass – obwohl bei einigen Personen offensichtlich Probleme bei der Wiedereingewöhnung in Berufsarbeit vorliegen – allen Teilnehmern eine formale Funktion zugewiesen wird. Ziel ist es, „sowohl den Kunden, wie aber vor allen Dingen auch den Mitarbeitern, klar zu machen ...: Das ist keine Beschäftigungstherapie, das ist Arbeit" (Mitarbeiter im Overhead). Hinzu kommen das Angebot von „Sozialsprechstunden" sowie die Praxis einer arbeitsbegleitend „aufsuchenden" Personalbetreuung. Nur wenige Maßnahmenteilnehmer haben realistische Aussichten auf eine Beschäftigung im ersten Arbeitsmarkt, „aber es ist schön und auch wertvoll, dass der oder die ein Jahr hier ist, ernst genommen wird, eine ernstzunehmende Tätigkeit hat." Aus Sicht einer Maßnahmeteilnehmerin handelt es sich um ein „lebensnahes Projekt, das ist ziemlich nah am Leben dran hier. Die ganzen Arbeitsstellen, das wird auch alles so gehandhabt, dass es keine großen Umstände gibt nachher, wenn man in einen festen Arbeitsbereich geht, weil als Verkäuferin kann man überall arbeiten."
- Eine andere Organisation (*Träger B*) unterhält ein Stadtteilcafé in einem sozialen Brennpunkt, das als Treffpunkt für Bewohner einer Siedlung, darunter auch

„verhaltensauffällige" Jugendliche, fungiert. Über das Café sollen auch Kontakte mit Instanzen der Arbeitsvermittlung hergestellt werden. Mit der Einrichtung verkoppelt ist eine Gruppe von Ehrenamtlichen, die am Unterhalt des Cafés mitwirken. Daneben bietet das Café Örtlichkeiten und Cateringdienste für Familienfeiern für Stadtteilbewohner an. Es beschäftigt zum Zeitpunkt der empirischen Untersuchung eine über das Programm „Hilfe zur Arbeit" geförderte Servicekraft und verkörpert dabei ein Arbeitssetting, das in einem „authentischen" Sozialzusammenhang verankert ist. Die Servicekraft kann ihre Tätigkeit als sinnstiftende Beschäftigung erfahren: „Was dabei natürlich passiert, ist, dass Menschen, die keinerlei Selbstvertrauen, Selbstwertgefühl oder ähnliches besitzen, plötzlich im Zuge einer solchen Arbeit feststellen: ‚Ich kann ja doch was.'"[74] Wie eine Mitarbeiterin des Trägers berichtet, hat besagte Maßnahmenteilnehmerin Hoffnung geschöpft, nun auch (wieder) für Jobs auf dem ersten Arbeitsmarkt in Frage zu kommen. Das Café steht unter der Leitung eines Sozialpädagogen, der auch für die „Alltagsbetreuung" der (jeweils befristet beschäftigten) Maßnahmenteilnehmer zuständig ist. Mit diesen trifft der Träger „Eingliederungsvereinbarungen", um den Reintegrationsprozess zu strukturieren. Für die Maßnahmenteilnehmer werden ggf. auch Alphabetisierungskurse organisiert. Allerdings werden ihre Zukunftsaussichten auf dem Arbeitsmarkt von Seiten des Trägers als äußerst gering eingeschätzt: „Die können wahrscheinlich froh sein, dass sie womöglich mal ein Jahr ein bisschen Struktur in ihrem Leben haben" (Geschäftsführer).

- Ein weiterer Betrieb (*Träger C*) hat ein Projekt durchgeführt, in dem Maßnahmenteilnehmer für ein ortsansässiges Kinderheim ein Kasperle-Theater erstellten; dabei kooperierte ein (bezüglich Geschlecht, Nationalität und Qualifikation) heterogener Kreis von Frauen mit unterschiedlichen Berufsprofilen (Näherinnen, Schreinerinnen, Akademikerinnen). Das Produkt wurde im Rahmen einer kleinen Feier vor Ort und verbunden mit einer kleinen Aufführung (die ihrerseits eine ABM-Kraft mit akademischer Vorbildung arrangiert hatte) an die Einrichtung übergeben. Die Kooperation vermittelt mithin eine in mehrerlei Hinsicht integrationsförderliche, sinnstiftende „Sozialerfahrung". Das Vorhaben, das über einen guten Kontakt zur Kommune in die Wege geleitet werden konnte, war überdies auf verschiedene Weise in einen projektübergreifenden Organisationskontext eingebunden. So arbeitete der Träger zwischenzeitlich mit einem eigens entwickelten Qualifizierungsprogramm, bei dem Teilnehmer selbst wählen können, welche Bildungsangebote sie wahrnehmen. Er betraut ferner „Personalentwickler" damit, sich um die Vermittlung einer Anschlussbeschäftigung zu kümmern, aber die Beschäftigten der einzelnen Projekte auch in allen sozialen Fragen zu begleiten. Dabei wird formal nach festen Leitlinienstandards vorgegangen (Erstgespräch, Förderplan, von den Beschäftigten auszufüllender

---

[74] Die Aussage stammt von einer Mitarbeiterin aus einem anderen Projektbereich des Trägers, die angibt, dies selbst so beobachtet zu haben.

"Handlungsbogen", Etappengespräche, Praktika). In Einzelfällen können die Personalentwickler entscheiden, von diesem formalisierten Verfahren abzuweichen (z.b. können die Teilnehmer von Bildungsmodulen freigestellt werden oder Praktika abbrechen, wenn diese auf größere Akzeptanzprobleme stoßen). Die Kopplung von Beschäftigung und fallsensibler Sozialbetreuung kann somit zumindest streckenweise flexibel gewährleistet werden.

- Ein Wohlfahrtsverband (*Träger D*) führt Projekte für langzeitarbeitslose Jugendliche durch, in dem von anderen Einrichtungen des Verbands ausrangierte Möbel (v.a. Krankenhausbetten) instand gesetzt und dann entweder gegen Aufpreis zurückgeliefert oder einer im kirchlichen Umfeld des Verbands entstandenen humanitären Initiative zur Unterstützung osteuropäischer Gesundheitszentren übergeben werden. Teilweise wirken die Maßnahmenteilnehmer auch bei der Vorbereitung der entsprechenden Hilfstransporte mit. Zudem werden vereinzelt handwerkliche Aufträge aus karitativen Einrichtungen oder von Privatpersonen angenommen – nicht selten entstehen „kreative Sachen" (Projektleiterin), die sich unter Beteiligung einiger Maßnahmenteilnehmer auch auf dem örtlichen Weihnachtsmarkt verkaufen lassen. Sinnstiftungseffekte spielen dabei eine wichtige Rolle: „Unsere Jungs hatten ... Spaß, dass die Arbeiten so gut ankamen". Die Projektverantwortlichen verfügen über einen kurzen Draht zur verbandseigenen Schuldnerberatung sowie zu anderen sozialen Diensten der Stadt, sie bieten auch Bewerbungstrainings sowie „Sozialsprechstunden" nach Bedarf an. Was letztere betrifft, so gelten sämtliche Anlässe als legitim: „angefangen von, jemand hat wieder mal ein Anschreiben von Quelle gekriegt, wo er eine Rechnung nicht bezahlt hat, oder hat irgendwelchen anderen Stress – kommt mit was weiß ich nicht klar, ... wie er einen Lohnsteuerjahresausgleich macht, wo er die Papiere herkriegt, oder hat Überbrückungsgeld gekriegt, hat jetzt eine Aufforderung, dass er es zurückzahlt. Die können dann halt zu mir kommen."

In allen Fällen wird erkennbar, wie Sozial- und Beschäftigungsförderung in der operativen Zielstruktur der Organisationen miteinander verzahnt wird; auch scheint bei den einzelnen Projekten die Orientierung an Bedarfen des Gemeinwesens offensichtlich. Das Arbeitssetting berücksichtigt im Grundsatz „employability"-Defizite bei den Beschäftigten, ermöglicht zumindest ansatzweise Normalarbeitserfahrungen und ergänzt diese durch Qualifizierungsangebote. „Empowerment"-Effekte sind also potenziell zu erwarten – ungeachtet der gegebenen externen Restriktionen sowie etwaiger alltagspraktischer Verfehlungen auf Seiten der Träger (auf beides wird im Folgenden eingegangen).

3.2.3 *Procederequalität in der organisierten Beschäftigungsförderung*

Die Fallstudien erlauben es, eine Reihe von Anhaltspunkten für die spezifischen Leistungen der Träger auch in Bezug auf die Procederequalität und hier insbesondere die Kommunikationsformen, die Ressourcennutzung und das Innovationsverhalten zu versammeln – wobei es einerseits um in den Beispielen aufscheinende Organisationspotenziale und andererseits um gleichzeitig erkennbare externe Restriktionen geht.

Bei *Träger A* stellt sich die Konstellation wie folgt dar:

- *Kommunikationsformen*: Der Träger der im Vorhergehenden beschriebenen Second-Hand-Läden ist in mehreren Dienstleistungs- und Produktionsbereichen tätig (u.a. im mit dem Verkauf verkoppelten Textil- und Möbelrecycling). Das Unternehmen verfügt über eine bereichsübergreifende Sozialarbeits-Abteilung, die teilweise als Komm-Struktur organisiert ist, aber teilweise auch aufsuchend tätig wird. Die Sozialarbeiter haben v.a. in Maßnahmen mit Jugendlichen „eine Kontrollfunktion wahrzunehmen" (Mitarbeiter des Overheads). Ihr Ziel ist aber „andersrum natürlich auch mit denen zu gucken: ‚Was haben Sie denn jetzt gemacht, warum ist das so, warum hat der Meister Sie angeschrien?'" Wie Teilnehmer eines Gruppeninterviews bestätigen, sind die Betreuer im alltäglichen Arbeitsprozess präsent. Ein Sozialarbeiter formuliert seinen Ansatz so: „Ich bin da, wo die Teilnehmer sind. Ich erfahre hundertmal mehr in der Raucherpause über jeden einzelnen Teilnehmer als ... im Einzelgespräch." Die Beziehung zu den Beschäftigten sei trägerseitig von dem Wunsch geprägt, für diese „eine individuelle Idee zu entwickeln."[75] Was die übrigen internen Kommunikationsformen betrifft, so gibt es das Bemühen, die wesentlichen Interaktionen mit den Maßnahmenteilnehmern zu dokumentieren und im gesamten Overhead kursieren zu lassen. Die Befragten berichten von wiederholt auftretenden Spannungen zwischen technischen Anleitern und Sozialarbeitern bzw. Arbeitsvermittlern, weil letztere die Arbeitsabläufe im Betrieb immer wieder stören müssten.[76] Hier entsteht ein Bedarf an trilateraler Abklärung, dem die Verantwortlichen fallweise nachkommen. Es bestehen mithin Spielräume, Alltagsprobleme auf kurzen Dienstwegen zu bearbeiten – insofern erscheinen die Kommunikationsstrukturen flexibel auf einen (je unterschiedlichen) Bedarf an sozialer Mediation eingestellt.

Allerdings werden hier auch einige *externe Restriktionen* erkennbar, denen sich Träger der Beschäftigungsförderung gegenübersehen können. Der Manager erklärt, dass die Kommunikation mit den Anleitern unter einem Strukturproblem leide: Man arbeite in den Projekten ohnehin mit vielen „Wirrköpfen, ... und dann habe ich dann noch Anleiter, die über Arbeitsbeschaffungsmaßnahmen bezahlt werden, kurz vor der Rente sind, und von denen erwarte ich jetzt, dass das alles läuft." Auch das Verhältnis zwischen den Maßnahmenteilnehmer sei

---

[75] Das Leitbild, das den Umgang mit Personen prägt, denen der Träger seine Maßnahmen „anbietet", illustriert er durch die Simulation einer Bewerbungssituation: „'Sie wollen Abendschule machen parallel, o.k., kein Problem (...). Sie nehmen nicht am normalen Unterricht teil. Sie haben die Möglichkeit, sich in unseren Raum zu setzen und jemand guckt, und Sie machen ihre Hausaufgaben da.'"

[76] Anleiter opponierten beispielsweise, wenn Mitarbeiter von der Sozialarbeit aus den Betriebsabläufen herausgeholt würden: Der Anleiter würde verständlicherweise vorbringen: „‚Wir haben Kunden, der muss Sachen ausliefern'." Für den Gesamtbetrieb sei das „ein echtes Drama."

grundsätzlich prekär: Man habe es mit „21 Nationen" zu tun, und hier sei es schon ein Erfolg, dass dies mit „wenig physischer Gewalt" verbunden sei – wobei der Sozialarbeit mangels Ressourcen nicht selten die Hände gebunden seien.[77] Hinzu kommt, dass der Träger auch (von der öffentlichen Hand) als Einsatzort für Sozialstunden verhaltensauffälliger (kleinkrimineller) Jugendlicher genutzt wird. In einer Gruppendiskussion mit Maßnahmenteilnehmern wird zudem von Konflikten zwischen fest angestellten Anleitern und den nur befristet in Maßnahmen Beschäftigten berichtet – es gibt (förderrechtlich bedingt) mehrere Klassen von Mitarbeitern, und dies birgt ein Spannungspotenzial.

- *Ressourcennutzung*. Das Unternehmen finanziert seine Aktivitäten aus öffentlichen Fördergeldern, der Anteil der (v.a. durch Verkäufe erzielten) Eigenmittel beträgt 20%. Der Umgang mit Ressourcen stellt die Verantwortlichen vor große Herausforderungen. Einerseits sei man ein „betriebwirtschaftlich ausgerichtetes Unternehmen" mit Akteuren, „die dieses Prinzip: ‚Wir müssen Geld in die Kasse kriegen' ... verinnerlicht haben" (Mitarbeiter im Overhead). Gleichzeitig sei das Dilemma offensichtlich: „Wir können nur mit Fördermitteln nicht leben und auch nicht ... (nur) mit den eigenerwirtschafteten Einnahmen." Das Gros der Ressourcen ist an fluktuierende Förderprogramme gebunden, hinzu kommen ebenfalls potenziell fluktuierende Markterlöse. Der Träger versucht, die ihm zur Verfügung stehenden Sachmittel und Overhead-Ressourcen so einzusetzen, dass Mehrfachverwendungen möglich werden. Die nur für die Betreuung von Jugendmaßnahmen bewilligten Sozialarbeiter kümmern sich auch um Problemfälle unter den Erwachsenen; letztlich agieren sie als „Mädchen für alles". Der Träger erzielt einen relativ hohen Teil seiner Einkommen im lokalen Second-Hand-Markt und ist betrebt (u.a. mit Hilfe seiner guten Kontakte zur örtlichen Kirche), Geschäftsräume in guten Innenstandrandlagen günstig anzumieten. Er verfügt über einen Fuhrpark sowie handwerklich versiertes Personal, beides kann projektübergreifend eingesetzt werden. Schließlich gelingt es dem Unternehmen, für einzelne Projekte kleinere Spendenmittel zu akquirieren. Insgesamt erscheint das Ressourcenmanagement ungeachtet der bestehenden (v.a. rechtlichen) Vorgaben durchaus kreativ und „schöpferisch".

Zugleich zeigen sich auch hier spezifische externe *Restriktionen*. Das Personalmanagement steht – förderrechtlich bedingt – vor dem Kardinalproblem, fortwährend neue Personen auch im Overhead-Bereich einarbeiten zu müssen, wobei die verfügbaren Stellen für qualifizierte Bewerber nicht sehr lukrativ sind. Mit den Kostenträgern streitet man über den Status der selbständig erzielten Einkünfte; man müsse belegen, dass diese „ein therapeutisches Erfolgserlebnis" ermöglichen und kein Betriebszweck seien. Im Hinblick auf die von den Kostenträgern eingeforderten Eigenmittel ergeben sich dahingehend Probleme, dass effiziente Betriebsprozesse die permanente Präsenz der Beschäftigten erfordern

---

[77] Ein Overhead-Mitarbeiter bringt es auf den Punkt: „Sie haben 180 Leute und vier Leute, da kann man sich ja nicht unbedingt mit jedem jeden Tag hinsetzen."

würden, letzteren aber zugleich externe Praktika bzw. soziale Betreuungshilfen angeboten werden, die diese Präsenz einschränken. Gleichzeitig besteht im Hinblick auf den Zugang zu Fördermitteln ein „Druck, Maßnahmen voll zu kriegen" (Mitarbeiter im Overhead), v.a. dort, wo es für Maßnahmenteilnehmer auch Alternativen gibt (z.B. bei Jugendprogrammen). „Ständig andere Förderrichtlinien" sowie „mangelnde Planungssicherheit" seien der Normalzustand: „Niemand konnte je sagen, was gibt es für Gelder im nächsten Jahr." Schließlich bestehen Spannungen mit der Privatwirtschaft: Berichtet wird von einem Konflikt mit privatwirtschaftlichen Altkleidersammlern, die trotz eines öffentlichen Verbots auf dem Stadtgebiet Kleiderspenden entgegennahmen.

- *Innovationsorientierung*: Ein Mitarbeiter des Overheads formuliert die Idealstrategie seines Unternehmens wie folgt: „Ich gehe in einen Bereich, wo die Nachfrage besteht, wo ich mich bewegen kann. Wo ich eine Perspektive habe, eine wirtschaftliche Perspektive auch." Auch wenn dies in der Realität nicht immer gelingt: Die maßgeblichen Triebkräfte bei der Konzeption eines neuen Dienstleistungsangebots illustriert ein vom gleichen Mitarbeiter präsentiertes Beispiel: „Es gibt immer mehr Leute mit unheimlich wenig Geld, die definitiv einen Maler für 80 Mark in der Stunde nicht bezahlen können. Wir reden nicht über Sozialhilfeempfänger, sondern ganz normale Leute mit einem Job, einer Rente oder was auch immer. Trotz alledem sind sie wie wir alle verpflichtet, was weiß ich, einmal im Jahr die Küche, zweimal, äh, alle zwei Jahre Wohnzimmer zu renovieren …. Gut, haben wir gedacht, für die machen wir das." Der Träger erscheint hier als (im wahrsten Sinne des Wortes) sozialer Unternehmer. Häufig wird er auch auf Anforderungen von außen aktiv: Ein wesentlicher Anstoß zum Ausbau des Betriebs in den 1990er Jahren, so der Geschäftsführer, sei eine entsprechende Ermunterung von Seiten der Stadt und des Arbeitsamts gewesen.[78] Auch einige Neukonzeptionen sind in Zusammenarbeit mit dem örtlichen Sozialamt entwickelt worden.

Was die externen *Restriktionen* für Innovationen betrifft, so ist auf die Schwierigkeiten im Umgang mit potenzieller gewerblicher Konkurrenz zu verweisen. So sind Initiativen für neue Projekte von der lokalen Handwerkerinnung torpediert worden. Die öffentliche Förderung sieht überdies keinerlei Unterstützung für die Projektentwicklung und auch immer seltener Investitions- und Sachmittelbeihilfen vor. Gleichzeitig erlauben es die disponiblen Spielräume für gewerbliche Aktivitäten kaum, neue Projekte schwerpunktmäßig auf Eigenmittelbasis zu betreiben – Marktchancen sind vorhanden, aber in der Reichweite begrenzt. Insofern muss sich die Organisation bei ihren Innovationsbemühungen auf kleine Leuchtturmprojekte konzentrieren.

---

[78] „'Aktiviert Euch doch in diesem Bereich, Ihr müsst doch was machen'" – so der Tenor dieser Anfrage.

Bei *Träger B*, der das oben beschriebene Stadtteilcafé betreibt, stellen sich viele Dinge ähnlich dar. In bestimmter Hinsicht sind seine Leistungspotenziale, aber auch die von ihm erlebten externen Restriktionen, besonderer Natur:
- *Kommunikationsformen*: Der Träger operiert in der Rechtsform eines Vereins. Dem Anspruch nach bestimmen die Mitglieder, d.h. die „Bewohner ... auch die Politik des Vereins mit". Die von uns Befragten nennen einzelne Beispiele für diese Verbindung von lokaler Beteiligung und Maßnahmen der Beschäftigungsförderung: In dem durch den Träger betriebenen Café sind z.B. Veranstaltungen organisiert worden, auf denen mit im Viertel wohnhaften Jugendlichen über Möglichkeiten einer Verbesserung der urbanen Infrastruktur gesprochen wurde. Gleichzeitig gibt es an der Spitze der Organisation gute Voraussetzungen für die Pflege einer problemgruppensensiblen, kommunikativen Führungspraxis: Den Vorstand des Vereins bilden ein Pfarrer, ein Fachhochschulprofessor sowie mehrere Sozialarbeiter.[79] Allgemein besteht das Bemühen, die einzelnen Maßnahmenteilnehmer unmittelbar im Arbeitsprozess sozial zu begleiten – zumindest sind die Zuständigkeiten so organisiert, dass betreuungskompetente Personen im direkten Umfeld der Maßnahmenteilnehmer verfügbar sind. Allerdings gibt es auch hier bestimmte *externe Restriktionen*. Der Träger erhält formal keine Zuwendungen für eigenes Overhead-Personal zur kommunikativen Begleitung von Maßnahmenteilnehmern; dieses muss gewissermaßen von anderen Arbeitszusammenhängen abgezweigt werden. Allgemein besteht für viele Tätigkeiten spezifischer Qualifizierungsbedarf (z.B. im Umgang mit EDV), und auch dieser wird durch die öffentliche Finanzierung nicht berücksichtigt.
- *Ressourcennutzung*: Der Träger finanziert das Café aus modellprojektgebundenen EU-Mitteln in Kombination mit Zuwendungen aus dem Landeshaushalt. Für seine Einrichtung muss er zudem Eigenanteile nachweisen, die er u.a. über die Erledigung öffentlicher Aufgaben erzielt (Jugendarbeit, „Case management" für Sozialhilfebezieher). Es existiert also ein komplexes System informeller Quersubventionen. Das Café erzielt geringe Zusatzeinnahmen über Catering-Angebote, auch weil der dort hauptamtlich tätige Jugendbetreuer zufällig im Zweitberuf Koch ist. Zugleich kann die Einrichtung bei Veranstaltungen auf die sporadische Mithilfe von Personen aus anderen Projektbereichen des Trägers zurückgreifen. Kontakte zu anderen Beschäftigungsförderungsbetrieben erbringen überdies Kostenersparnisse bei Renovierungsarbeiten im Café. Wichtig erscheint auch der ehrenamtliche Input: „Das sind Leute, die eine hohe Identifikation mit dem Verein haben, die irgendwann mal über ein eigenes Problem hinzu gestoßen sind ..., die sich in bestimmten Angeboten mittlerweile wieder finden" (Geschäftsführer). Insgesamt erscheint der Umgang mit dem Ressourcenmix

---

[79] Zwischenzeitlich wurde der Vorstand auch von Bewohnern des Stadtteils gestellt, in dem das Café angesiedelt ist; davon wurde Abstand genommen, da diese mit der Führungsrolle zunehmend überfordert gewesen seien.

gleichsam permanent kreativ, wenngleich er auf einem stets prekären „muddling through" beruht.
Die bestehenden *externen Restriktionen* sind beträchtlich: Das Café hängt von befristeten Modellprojektmitteln sowie von weiteren, potenziell fluktuierenden Einnahmen ab (für das „case management" gibt es eine erfolgsabhängige Vergütung). Das Management sieht im Café-Bereich wenig Möglichkeiten, den Ressourcenhaushalt z.b. durch Sponsoring-Einnahmen zu arrondieren: „Bei der abstrakten Gemeinwesenarbeit ... kommen nicht die Emotionen rüber, die man für die Spendenvermarktung bräuchte." Überlegungen, den Catering-Service zu institutionalisieren – immerhin vermutet man eine dreistellige Zahl möglicher Kunden – wurden verworfen, weil dafür keine hinlänglich refinanzierbaren Personalressourcen mobilisiert werden können. Was die Produktivität der Maßnahmenteilnehmer betrifft, so bereitet die Auflage der Kommune, Härtefälle bei der Vergabe von Maßnahmen stärker zu berücksichtigen, dem Träger gewisse „Schwierigkeiten".[80] Der Trend ginge dahin, „dass Wertschöpfung nicht mehr in dem Umfang möglich ist, also der Betrieb nachher nicht mehr soviel davon hat." Schließlich birgt auch der Rekurs auf ehrenamtliche Kräfte im Café bestimmte Risiken: So berichten Overhead-Mitarbeiter von z.T. lähmenden Konflikten und hohen Energieverlusten, wodurch zunächst aussichtsreiche Projektpläne nicht hätten umgesetzt werden können.

- *Innovationsorientierung.* Betrachtet man die Entstehungsgeschichte des Cafés, so zeigt sich, dass das Gesamtprojekt konzeptionell aus verschiedenen Basisinitiativen der Stadtteilarbeit hervorgegangen ist und erst dann eine institutionelle Förderung erhielt. Kreativ zeigte sich der Träger z.B. mit seiner Idee, als erster Träger in der Kommune eine dezentrale (über das Internet hergestellte) Verbindung zur Stellendatenbank des Arbeitsamtes quartiernah anzubieten.[81] Auch das Catering-Projekt ist ein Indiz für innovative Praxis. Der Träger hat zudem versucht, eine Stelle für Projektentwicklung einzurichten – der Wille zur Ausweitung der eigenen Aktivitäten ist unverkennbar.

Hier zeigten sich aber zugleich *externe Restriktionen*: Eine enge Projekt- und Regelfinanzierung sowie die Schwierigkeit, nennenswerte Markterlöse in sozialen Brennpunkten zu erzielen, führten dazu, dass die eingestellte Projektentwicklerin bald in anderen, Einkommen generierenden Arbeitsbereichen (dem erfolgsabhängig vergüteten „case management") eingesetzt werden musste. Zwar hat der Verein Preisgelder aus Innovationswettbewerben erhalten. Doch jenseits dieser einmaligen Zuschüsse fehlen dem Träger frei schwebende Mittel, die benötigt würden, um nachhaltig Organisationsentwicklung zu betreiben.

---

[80] Die Auflage besagt, dass 50% aller Stellen mit durch das Sozialamt alimentierten Krankengeldbeziehern besetzt werden sollen.
[81] Für dieses Projekt gab es ein großes Medienecho und viel Zustimmung in der Kommunalpolitik.

Im Falle von *Träger C* (der das Kasperle-Theater-Projekt durchgeführt hat und darüber hinaus eine breite Palette von Maßnahmen organisiert) zeigen sich ähnliche, teilweise aber auch spezifische Potenziale und Probleme:
- *Kommunikationsformen*: Im Vergleich zu den anderen Trägern erscheint der Umgang mit den Maßnahmenteilnehmern in diesem Unternehmen am stärksten formalisiert und standardisiert. Die Leitlinienstandards strukturieren aus Sicht von Overhead-Mitarbeitern den Betreuungs- und Beratungsprozess in hohem Maße. Die geringe Flexibilität solcher Standards wird teilweise kompensiert durch Restbestände einer nach wie vor bestehenden sozialprofessionellen Rationalität, wie die Aussage einer „Personalentwicklerin" illustriert: „Ich muss eigentlich schauen, inwieweit wir die fördern können, damit sie auf dem ersten Arbeitsmarkt wieder Fuß fassen können. ... Und nebenbei bin ich aber die Sozialarbeiterin (...). Also ich fordere die Teilnehmer auf, endlich aktiv zu werden, damit sie ihre Situation verändern können. Das ist das eine auf der sozialen Ebene. Wenn ein Teilnehmer zum Beispiel nicht zu Recht kommt mit dem Sozialamt, mit einer Schuldnerberatungsstelle oder da sind halt Forderungen da, da versuche ich denen noch zu helfen." Erkennbar wird, dass die soziale Teilnehmerbetreuung – auch wenn sie quasi nebenher abgewickelt werden muss – einen eigenen Stellenwert hat. Der Träger sieht für seine Projekte periodische Treffen von Overhead-Verantwortlichen vor (Personalentwickler und Fachanleiter), auf denen spontan auftretende Probleme auch teilnehmerbezogen verhandelt werden können. Wie oben bereits erwähnt, hat das Unternehmen ein (mittlerweile wieder abgeschafftes) Qualifizierungsprogramm entwickelt, das Maßnahmenteilnehmern die Möglichkeit eröffnete, einzelne Bildungsmodule nach eigenen Neigungen auszuwählen. Insgesamt werden also ungeachtet einer hohen Vermittlungsorientierung Potenziale für ein ganzheitlicheres „empowerment" der Teilnehmer erkennbar.
Gleichzeitig zeigen sich auch für diesen Träger eine Reihe *externer Restriktionen*. So stand und fiel das o.g. Qualifizierungsprogramm mit rasch fluktuierenden Förderkonditionen. Es wurde erst aufwändig mit dem Arbeitsamt abgesprochen, bevor es ohne hinreichende Betriebserfahrung schon wieder beendet werden musste, weil die Finanzierung nicht fortgesetzt wurde. Die allgemeinen Förderkonditionen führen zudem, wie auch in der oben zitierten Aussage der Personalentwicklerin deutlich wird, zu einer ständigen Spannung zwischen einer persönlichen bzw. teilnehmersensiblen Begleitung einerseits und einer kruden Vermittlungsorientierung andererseits. Die Personalentwicklerin betreut 60 Fälle, muss den Praktikabetrieb organisieren und der Arbeitsvermittlung zuarbeiten – und so beschränken sich ihre Beratungsangebote immer mehr auf eine Komm-Struktur.
- *Ressourcennutzung*: Der Träger finanziert seine Projekte im Wesentlichen aus Fördermitteln, der Betriebskostenzuschuss der Kommune soll in erster Linie seine Infrastruktur absichern. Ansonsten gibt es einen bunten Mix verschiedenster Förderprogramme: „Unser Trend ist möglichst breit zu streuen, wir wollen

also nicht in die Situation kommen, dass wir eine sehr große Abhängigkeit von einem einzigen Fördergeber haben oder von einer einzigen Maßnahme" (so ein Overhead-Mitarbeiter). Die enge Kooperation mit der hauseigenen „case management"-Agentur für Sozialhilfebezieher ermöglicht es, den Mismatch zwischen den entwickelten Fördermaßnahmen und den dafür eingesetzten Maßnahmenteilnehmern zu begrenzen – jedenfalls bestehen für letztere Optionen auf verschiedene Aktivitäten im Unternehmen, außerdem gibt es ein systematisches „assessment". Auch organisiert der Träger Kooperationen, die seine Ressourcenflexibilität aufgrund von Synergieeffekten potenziell steigern: So arbeitet er (in einem anderen als dem oben skizzierten Projekt) mit Pflegeeinrichtungen eines ortsansässigen Wohlfahrtsverbands zusammen, wodurch Maßnahmenteilnehmern ohne großen Organisationsaufwand externe Praxiserfahrungen vermittelt werden können. Schließlich besteht das Bemühen um eine projektübergreifende Ressourcennutzung, die es ermöglicht, Teile des Overhead-Personals und dessen Erfahrung trotz auslaufender Förderprogramme im Betrieb zu halten: „Wenn eine Maßnahme nicht mehr finanziert wird, dann haben wir ein Problem. (...) Gott sei dank, bisher haben wir es immer noch geschafft über neue Projekte beispielsweise dann hin zu gehen und zu sagen: ,O.k., der Bereich funktioniert nicht mehr, aber wir könnten jetzt in einer Qualifizierungsmaßnahme (...) was machen'" (Öffentlichkeitsreferent des Trägers). Das Ressourcenmanagement des Trägers ist somit kreativer als der formale Rahmen es suggeriert.

In der zuletzt zitierten Aussage spiegeln sich allerdings zugleich die *externen Restriktionen* wider, denen sich das Unternehmen in seiner Praxis gegenübersieht. Man ist viel damit beschäftigt, die Konsequenzen wechselnder Förderprogramme zu verarbeiten und verfügt kaum über Möglichkeiten, Handlungsspielräume jenseits dieser Programme zu erschließen. Grundsätzlich sieht sich der Träger außer Stande, gewerbliche Einkünfte zu erzielen: „Wo Du in den Geruch kommst, Firmen vom Markt zu drängen, das ist ein hochsensibler Bereich" (so ein Overhead-Mitarbeiter). Zudem glaubt man, dass sich die von maßgeblichen Stakeholdern erwartete Wirtschaftsorientierung aus Sicht des lokalen Umfelds nicht mit der Mobilisierung zivilgesellschaftlicher Ressourcen vertrage: Als GmbH könne man schließlich nicht „mit einem Spendenaufruf auftreten".

- *Innovationsorientierung*: Zunächst signalisiert das oben vorgestellte Projekt (die Erstellung eines Kasperle-Theaters für ein städtisches Kinderheim in Verbindung mit einer „einführenden" Übergabe), wie Träger der Beschäftigungsförderung sinnstiftende Arbeitssettings kreieren und sich dabei „einiges einfallen lassen" müssen. Das oben umrissene projektübergreifende Qualifizierungsprogramm, das die Variabilität des Qualifizierungsangebots erhöhte, signalisiert ebenfalls eine gewisse Innovationsorientierung.

Der real existierende Innovationsdruck verweist aber zugleich auf *externe Restriktionen*. Der Träger muss gleichsam krampfhaft versuchen, „neue Projekte zu entwickeln, um die wiederum an den Markt zu bringen" (Geschäftsführer). Es geht insbesondere um „Fördermittel, die man bisher nicht bekommen hat, weil man nicht das Angebot gemacht hat" (Overhead-Mitarbeiter). Der Fördermarkt hat aber seine eigenen Gesetze: „Wir spielen Markt auf einem Markt, der keiner ist. Sondern wir arbeiten mit Monopolisten: Die EU hat Förderrichtlinien, die Arbeitsverwaltung hat Förderrichtlinien. Das sind die beiden großen Fördergeber und die sagen, hier ist der Markt und nun bring uns mal dein Produkt" (weiterer Mitarbeiter). Aus Sicht des Geschäftsführers hat man dabei in der jüngeren Vergangenheit erleben müssen, dass beim Investment in neue Projekte „die Risiken immer größer werden".

Im Falle von *Träger D*, der die oben skizzierte Recyclingwerkstatt betreibt, sind schließlich folgende Aspekte bei der Analyse von Leistungspotenzialen und -barrieren augenfällig:

- *Kommunikationsformen*: Das Projekt bewegt sich in einer überschaubaren Größenordnung, was einen kontinuierlichen persönlichen Kontakt zwischen der leitenden Sozialarbeiterin, dem technischen Overhead und den Maßnahmenteilnehmern ermöglicht. Jeder Tag beginnt mit einer Arbeitsbesprechung, auf der die Beschäftigten auch persönliche Termine mit der Projektleiterin vereinbaren können, die gleichzeitig als Sozialarbeiterin agiert. Aus deren Sicht umfasst die Begleitung der Maßnahmenteilnehmer auch Aspekte jenseits der Arbeitsvermittlung und auch jenseits der klassischen sozialen Hilfe: „Manchmal muss natürlich auch einfach irgendwo – so schade das ist ... – jemand auch auf eine gewisse Arbeitslosigkeit vorbereitet werden." Auch und gerade insofern erscheint die soziale Begleitung umsichtig.

Die Befragte schildert indes zugleich die *umweltbedingten Restriktionen*, denen sie sich gegenübersieht: Die räumliche Ansiedelung ihres Projekts in einem sozialen „Rehabilitationszentrum" des örtlichen Wohlfahrtsverbands – u.a. eine Folge der von Kostenträgern vorab erwarteten Eigenleistungen von Projektinitiatoren – führt dazu, dass sich die Maßnahmenteilnehmer in einem aus „Härtefällen" (Wohnungslosen, ehemaligen Straffälligen) bestehenden Umfeld bewegen. Im Übrigen wird hier besonders plastisch, welchem sozialen „Ballast" ein Träger der Beschäftigungsförderung ausgesetzt ist. Der Umgang mit den z.T. gravierenden Orientierungsproblemen insbesondere des jugendlichen Klientels absorbiert nicht nur einen beträchtlichen Teil der für die Projektleitung reservierten Arbeitszeit[82], sondern stellt eine erhebliche Barriere für das kurzfristige „empowerment" der Beschäftigten dar, noch dazu in jeweils auf ein Jahr befristeten Projektzeiträumen.

- *Ressourcennutzung*: Das Projekt wird maßgeblich durch Lohnkostenzuschüsse der Arbeitsverwaltung finanziert. Der Verband finanziert Sachmittel bzw. stellt dem Projekt die Infrastruktur anderer Arbeitszusammenhänge zur Verfügung:

---

[82] Die Projektleiterin beklagt den damit verbundenen – auch kommunikativen – Aufwand: „Wir haben so viel mit Kündigungen, Abmahnungen und sonstigem Heckmeck zu tun. Das gehört auch zu meinem Aufgabenbereich, dass ich ... Abmahnungen schreibe, und die Abmahnungen vor allem mit den Leuten bespreche – damit sie wissen, was das im Klartext heißt und was passieren kann, d.h., wir erklären denen auch ganz genau, wann hier so eine Beschäftigung vielleicht zu Ende ist."

z.B. Krankheitsvertretungen, Werkstattaustattungen oder auch konkret eine in der Betreuungsarbeit eingesetzte „Videokamera, ausgeliehen von der Erziehungsberatungsstelle" (Projektleiterin). Das Projekt akquiriert in begrenztem Umfang Materialspenden, v.a. durch persönliches „Klinkenputzen" bei ortsansässigen Firmen.[83] Sporadisch wickelt das Projekt kleine, informell arrangierte private Aufträge ab wie das Schmieden von Kerzenständern oder anspruchslose Reparaturen in verbandsnahen Kinderbetreuungseinrichtungen. Die Einnahmen aus Verkäufen (u.a. auf dem Weihnachtsmarkt) fallen letztlich gering aus. Insgesamt zeigt sich aber ein aktives Bemühen des Trägers, sich durch ein agiles Ressourcenmanagement eigene Handlungsspielräume zu erschließen.

Wiederum ergeben sich indes Hinweise auf *externe Restriktionen*. Das Projekt beschränkt seine Werbeaktivitäten auf Faltblätter, die in Gemeinden und wohlfahrtsverbandlichen Einrichtungen ausgelegt werden, ein anderer Marktzugang wird angesichts des Konkurrenzverbots vermieden. Auch die Regeln der Kostenträger schränken den Bewegungsspielraum des Trägers ein: Die Möglichkeit der Nutzung von Kow-How und Ausstattung verbandseigener Einrichtungen war einerseits bei der Anwerbung der Projektgelder gegenüber der Arbeitsverwaltung ein gutes Argument. Andererseits dürfen die Projektbeschäftigten einschließlich des Overheads offiziell nicht zu anderen als den für die Maßnahme vorgesehenen Tätigkeiten eingesetzt werden. Die Nachbetreuung von Altfällen sowie die Unterstützung projektexterner Aktivitäten (z.B. beim Trägerverband) müssen inoffiziell bleiben. Einkommen generierende Nebentätigkeiten der Projektleiterin sind durch den Kostenträger nicht autorisiert und müssen verdeckt ausgeübt werden: Die Befragte nennt als Beispiel ihre Mitarbeit in einem (seinerzeit) von ihrem Verband akquirierten, über Fallpauschalen finanzierten Profiling-Programm („Jugend in Arbeit"), die eigentlich nur außerhalb der Arbeitszeit stattfinden darf (was aber technisch kaum möglich sei).

- *Innovationsorientierung*: Der Aufbau des Werkstattprojekts geht wesentlich auf die Initiative eines Mitarbeiters des Wohlfahrtsverbands zurück, der dabei verschiedene Qualifikationen einbrachte: Dieser „Arbeitstherapeut ist unheimlich handwerklich geschickt gewesen, hatte super guten Kontakt zum Klientel, war also eher auch so eine Art technisch versierter Sozialarbeiter. Und der hatte halt die Konzeption für dieses Projekt geschrieben." In die gleiche Richtung weist der erst in der zweiten Maßnahmengeneration hergestellte Kontakt mit dem o.g. Entwicklungshilfeprojekt; damit konnten Produktionsüberhänge (die aufgrund des Lagerproblems auch logistisch bewältigt werden mussten) einer sinnvollen Verwendung zugeführt werden.

Der Alltagsbetrieb setzt allerdings der Innovationsorientierung des Trägers gewisse Grenzen – und auch hier greifen *externe Restriktionen*. Projektentwicklung ist im Rahmen der Ressourcenausstattung immer nur provisorisch möglich;

---

[83] Außerdem wurde bei einer der traditionellen Haussammlungen des zugehörigen Wohlfahrtsverbands für die Unterstützung des Arbeitslosenprojekts geworben.

die Realisierung von Ideen hängt vielfach von zufällig verfügbarer Kompetenz ab (der Arbeitstherapeut, der zugleich sozialpädagogisch talentiert ist) – die gezielte Rekrutierung einer solchen Kompetenz ist aufgrund der wirtschaftlichen Bedingungen sowie der Tatsache, dass auch der Overhead von Projekten bzw. Maßnahmen nach den (Ausschluss-)Regeln der institutionellen Beschäftigungsförderung besetzt werden muss, so gut wie unmöglich.

Die Procedere-Qualität wird bei allen Trägern maßgeblich davon bestimmt, wie sie ihre Ressourcen in ihren Kommunikationsstrukturen, ihrem praktischen Mitteleinsatz und für Innovationsstrategien verwenden. Die Befunde verweisen auf ein grundsätzliches Potenzial zu einer teilnehmersensiblen Begleitung, zur an den Integrationszwecken orientierten flexiblen Ressourcennutzung und auch zur Kreation von Ideen und Programmen. Gleichzeitig bestehen externe Restriktionen, die den entsprechenden Bemühungen systematisch Grenzen setzen.

3.2.4 Politisch-zivilgesellschaftliche Praxis

Wie bereits verdeutlicht, ist auch der Umgang der hier analysierten Organisationen mit politischen und zivilgesellschaftlich strukturierten Umwelten relevant, wenn es um die Leistungsfähigkeit organisierter Beschäftigungsförderung geht. Die entsprechenden, formellen und v.a. informellen, Umweltbeziehungen zeichnen sich dadurch aus, dass durch sie Vertrauensbildung, Informationsaustausch und Gemeinschaftsinitiativen innerhalb lokaler Kooperationsnetzwerke ermöglicht werden. Auf diese Weise erschließen sich die Betriebe Potenziale, im Sinne umfassend integrativer Beschäftigungsförderung gestaltend zu wirken und auf die Handlungsbedingungen sowie das administrative „Design" des Organisationsfelds einzuwirken. Welche Prozesse lassen sich diesbezüglich bei den einzelnen Trägern empirisch beobachten?

- Im Falle von *Träger A* (der als weit gehend verselbständigtes Unternehmen einem großen Wohlfahrtsverband angehört) zeigen sich entsprechende Umweltbindungen auf verschiedenen Ebenen: Im Umgang mit der lokalen Wirtschaft geht es zunehmend darum, für die Maßnahmenteilnehmer gute Adressen im Hinblick auf Praktikums- und Vermittlungsmöglichkeiten anzuwerben. Entsprechend bemüht er sich, ein Vertrauensverhältnis mit größeren Arbeitgebern aufzubauen: Ein Overhead-Mitarbeiter berichtet vom Fall eines Unternehmers, der dieses Angebot durchaus attraktiv fand: „Der hat gesagt, das hört man ja auch häufig, ich arbeite nicht mit dem Arbeitsamt, das mache ich nicht mehr. Macht keinen Sinn." Hier übernimmt der Träger, indem er für Maßnahmenteilnehmer bürgt, gewissermaßen treuhänderische Maklerfunktionen. Im Verhältnis zum örtlichen Sozialamt bestehen „auf allen Ebenen sehr gute Kontakte, sehr kurze Wege". Das Unternehmen lädt dessen Mitarbeiter gelegentlich zu einer „informellen Runde" ein, „einfach nur, um mit denen ein bisschen zu quatschen, denen das ein bisschen zu zeigen, damit die ein Bild davon haben, was passiert hier." Im Umgang mit dem zuständigen Arbeitsamt wird ähnliches versucht; es gelte immer wieder, „Geschichten zu erzählen, damit die ein Gefühl dafür kriegen, was läuft praktisch ab, womit haben wir zu kämpfen." Man versuche dies auch im Hinblick auf das Vermittlungsproblem – z.B. dadurch, dass ein Maßnahmenteilnehmer ohne kurzfristige Vermittlungschancen den Mitarbeitern des Arbeitsamtes einfach persönlich präsentiert werde, „wenn die hier zu Besuch kommen."[84] Für die soziale Begleitung der Maßnahmenteilnehmer sind demgegenüber die Kontakte der Trägers zu anderen Einrichtungen der wohlfahrtsverbandlichen Dachorganisation relevant: Beispielsweise bestünden enge Kooperationen mit dessen Jugend- und Familienhilfeangeboten, denn man erlebe im Umgang mit den Maßnahmenteilnehmern „häufig solche Geschichten, wo ganze Familien betroffen sind." Es bestehen zudem Beziehungen zu Kirchengemeinden, über die projektbezogen Spendenmittel und gelegentlich auch ehrenamtlicher Fachbeistand (der Manager nennt das Beispiel der Steuerberatung) gewonnen werden können. Schließlich sieht sich das Unternehmen auch in einer *politischen Rolle*: „Es geht um politische Präsenz" im Rahmen einer von gemeinnützigen Organisationen erwarteten „Gesamtverantwortung", und darum, mit Blick auf die lokale Sozialpolitik „Themen zu transportieren" (Manager). Ein Mitarbeiter des Overhead formuliert es so: „Die Kontakte auf kommunaler, wie auch landespolitisch, sind eben nicht unerheblich. Ich denke, auch das gehört zu einer professionellen Ebene eines solchen Unternehmens."

■ Auch *Träger B* (eine Stadtteilinitiative für Gemeinwesenarbeit) steht in engen Beziehungen zum örtlichen Gemeinwesen bzw. zum lokalpolitischen Umfeld. Den Vorstand bilden engagierte „Lokalgrößen", u.a. ein Pfarrer, über den gelegentlich kleine Sachspenden (der Manager nennt das Beispiel eines Computers) eingeworben werden. Solche Sachspenden kann die Organisation auch für spezifische Projekte im Jugendbereich mobilisieren. Z.B. gelangte man über parteipolitisch vermittelte Beziehungen zum Betriebsrat eines ortsansässigen Unternehmens an Werkmaterial für ein Jugendprojekt. Die im engeren Sinne *politische Einbindung* des Vereins hat sich in der Vergangenheit gewandelt, wie der Manager erklärt: „Was immer noch passiert, ist das wir politische Lobbyarbeit machen. Aber das ist nicht mehr so diese Bewegungsgeschichte. Politische Lobbyarbeit machen wir nach wie vor, dass wir mit Politik und Verwaltung uns auseinandersetzen. Szenarien beschreiben, was ist wenn, das passiert ganz klar. Produkte anbieten, äh, unsere Akteure ansprechen, damit die wieder dem und

---

[84] Allerdings gestalten sich die Verhandlungen mit dem Arbeitsamt immer schwieriger und zunehmend bürokratischer, z.B. wenn es um die Einstellung neuer Beschäftigter geht: „Früher wäre es einfacher gewesen, ... es wäre einfacher gewesen, anzurufen: ,Wir haben hier jemand, der hat das und das gemacht, das ist hilfreich, ja'. Jetzt muss ich vier Seiten dazu schreiben."

dem auf die Füße treten."[85] Die Ambition einer politisch orientierten Gemeinwesenarbeit besteht in jedem Falle fort.

- *Träger C* (die als GmbH organisierte Beschäftigungsgesellschaft) beschreibt sein Verhältnis zu öffentlichen Kostenträgern als ein „partnerschaftliches Miteinander, sowohl mit der Arbeitsverwaltung als auch mit dem Sozialamt" (Öffentlichkeitsreferent). Die Beziehungen zur privaten Wirtschaft sind v.a. im Bereich der Praktikavermittlung rege. Zwar geht es dem Träger vorrangig um passgenaue Vermittlung und nicht um für das lokale Umfeld ökonomisch bzw. sozial nützliche Aktivitäten – de facto sind viele Projekte aber gemeinwesenorientiert und folglich mit entsprechenden lokalen Netzwerken verkoppelt: „Wissen Sie, wir organisieren Kinderbetreuung an Schulen. Wir machen aufsuchende Bibliothek, wir machen Pflege ... Zulieferarbeiten in Altenheimen, wir machen Schulhöfe, wir machen Spielplätze, wir pflegen Grünanlagen. (...). Also, da denke ich persönlich ... dass wir ... dem Gemeinwohl sehr wohl sehr dienlich sind." Auch wenn die Organisation nicht auf Zeit- und Geldspenden zurückgreifen kann, so gibt es doch eine ganze Reihe von Schnittstellen zur lokalen Zivilgesellschaft. Formelle Kontakte bestehen im Fachbeirat, „wo aus sämtlichen Gremien der Arbeitsmarktpolitik Vertreter zusammenwirken und sich Gedanken machen über neue Ideen. Die Gewerkschaften sind da mit drin, die Wohlfahrtsverbände sind mit drin, da ist der Einzelhandelsverband drin" (Öffentlichkeitsreferent). Eher unauffällig, aber nicht zufällig, erscheint schließlich auch der Tatbestand, dass sich eine Projektentwicklerin ehrenamtlich in einem Verein für Mädchen- und Frauenarbeit engagiert. Im Hinblick auf die *politische Rolle* des Trägers ist von Bedeutung, dass Vertreter des Trägers in diversen Gremien und Arbeitsgemeinschaften mitwirken, in denen es nicht zuletzt um Arbeitsmarktpolitik geht.[86] Man wolle dabei, so der Geschäftsführer, nach außen transportieren, dass die eigene Klientel nicht aus „faulen Arbeitslosen" bestehe. Für die Stadt sei man in allen Fragen der Beschäftigungsförderung „der fachlich kompetente Ansprechpartner". Die Organisation fungiert als lokale Schaltstelle der kommunalen Arbeitsmarktpolitik.
- *Träger D* ist ein örtlicher Wohlfahrtsverband, der umfassend in die sozialpolitischen Prozesse vor Ort eingebunden ist und dabei (noch immer) über große Einflussmöglichkeiten verfügt. Das Werkstattprojekt geht maßgeblich auf die entsprechenden Kontakte des Verbandsdirektors zurück. Die Verknüpfung mit bestehenden Leistungsangeboten des Verbands sowie dessen Beziehungen zu Krankenhäusern und Kinderbetreuungseinrichtungen in kirchlicher Trägerschaft eröffnen bestimmte wirtschaftliche Bewegungsspielräume. Das Projekt aktiviert zivilgesellschaftliche Beziehungen, die über die bereits genannte Kooperation

---

[85] Allerdings beklagt der Gesprächspartner an anderer Stelle, dass man im lokalen Umfeld mittlerweile nicht mehr so einflussreich sei und auch die Kontakte mit anderen Trägern mit „Bewegungshintergrund" an Substanz verloren haben.

[86] Der Geschäftsführer war z.B. Mitglied in einem Unterausschuss der Hartz-Kommission.

mit zwei Entwicklungshilfeinitiativen hinausgehen. Dies erfolgt auch über Kontakte zu milieufremden Organisationen – die Projektleiterin führt das Beispiel einer kleinen Kooperation mit einer regionalen Obdachlosenzeitung an, für die die Werkstatt einen Gegenstand (ein Verlosungsrad) gefertigt hat, was ihr im Gegenzug die Chance eingeräumt hat, Leistungsangebote des Verbands in einer der Zeitungsausgaben öffentlich zu präsentieren. Gleichzeitig besteht das Bemühen, sich im lokalen Organisationsfeld mit vergleichbaren Initiativen zu Zwecken des Meinungs- und Erfahrungsaustausches zu vernetzen: So war die Projektleiterin federführend bei der Gründung eines lokalen Arbeitskreises Beschäftigungsförderung. Eine *politische Dimension* erhält das Projekt v.a. auf der Ebene des Ortsverbands, der die Beschäftigungsprojekte in der Lokalpresse auch als Signal im Kampf gegen die zunehmende Armut präsentiert – wobei die Artikel u.a. darauf verweisen, dass die Maßnahmenteilnehmer „motiviert und engagiert" arbeiteten und ihre Tätigkeit keine „Beschäftigungstherapie, sondern nützlich" sei.

Diese Beispiele verdeutlichen, dass Beschäftigungsförderungsbetriebe sich als integraler Bestandteil einer sozialpolitischen „community" begreifen und sich in diesem Sinne zu lokalen Spezialisten für die soziale (Re-)Integration ihrer Zielgruppen entwickeln (wollen) und dabei mit anderen, ihrerseits mit Expertise ausgestatteten, Akteuren verkoppelt sind. Diese Dimension organisierten Handelns erscheint mehr oder weniger explizit als zentrales Moment der bei den Trägern ausgebildeten Managementlogik. Was aus kritischem Blickwinkel als Besitzstandswahrungsinteresse der Organisationen gedeutet werden könnte, steht gleichzeitig dafür, dass sie die Strukturierung des Organisationsfelds, konkret die institutionelle und öffentliche Meinungsbildung, das technische Design und die Beobachtung des Politikfelds als ganzem, systematisch vorantreiben. Die sozialpolitisch ausgerichtete „corporate identity" korrespondiert dabei vielfach mit einer zivilgesellschaftlichen Rückbindung (Kirche, Stadtteilinitiativen, Gewerkschaften etc.). Die Betriebe tragen auf diese Weise zur Reproduktion des Organisationsfelds bei – mit all dessen Schwächen, aber auch mit all dessen Potenzialen im Hinblick auf Armutsbekämpfung, „social empowerment" und sinnstiftender „Integrationsarbeit". Bezieht man jedoch diese Befunde auf die im ersten Kapitel dargelegte Entwicklungen in der Arbeitsmarktpolitik sowie auf die sich in den „historischen" Erfahrungen aus dem Organisationsfeld manifestierenden Wirkungen der neuen Steuerungskultur, dann wird schnell erkennbar, dass den politisch-zivilgesellschaftlichen Ambitionen von Beschäftigungsförderungsbetrieben deutliche Grenzen gesetzt sind.

3.2.5 Defizitpotenziale

Bis hierhin ging es hauptsächlich darum, *strukturelle Potenziale und Barrieren* im Handlungsfeld organisierter Beschäftigungsförderung herauszuarbeiten – also einerseits die Dynamik der Interventionen, die sich hinter der „Fassade" der mittelbaren Arbeits- und Sozialverwaltung verbirgt, und andererseits jene Umweltbedingungen, die diese Dynamik bremsen bzw. einschränken. Es soll nun aber nicht der Eindruck erweckt werden, als handele es sich bei die Beschäftigungsförderungsbetrieben um geniale Organisationen, denen Exzellenz alleine aufgrund widriger Umstände versagt bleibt. Vielmehr geben die Fallstudien *auch* Hinweise auf eine Reihe *hausgemachter Funktionsprobleme*. Sie sollen an dieser Stelle – wenngleich sie lokale Gründe haben und in ihren letzten Ursachen nicht aufgeklärt werden können – kurz resümiert werden:

- In einem Fall berichten die Maßnahmenteilnehmer darüber, dass angebotene schulische Qualifizierungen in einem unangemessenen organisatorischen Rahmen stattfanden – so wurden Personen mit völlig unterschiedlichen Ausgangsbedingungen in ein und denselben Unterrichtseinheiten zusammengefasst. Ein ABM-Beschäftigter eines anderen Trägers schildert gravierende Mängel in der Betreuung einer Baustelle (eines Spielplatzes) durch den Anleiter. Dieser rochiere zwischen verschiedenen Projekten und sei oftmals nur kurzzeitig anwesend – nicht selten fehlte es an notwendigem Baumaterial. Gelegentlich würden auf den Baustellen auch Personen eingesetzt, deren Qualifikationsprofil nicht zu diesem Arbeitsfeld passe. Ferner erklären einige Maßnahmenteilnehmer, dass bestimmte Qualifizierungsmodule ihnen erst in Aussicht gestellt und dann aber nicht mehr angeboten worden seien. Die Mitarbeiterin des Overheads eines weiteren Trägers berichtet, dass in ihrer Einrichtung zwar systematisch Förderpläne aufgestellt würden, diese dann aber aufgrund fehlender Zeitressourcen nicht regelmäßig gepflegt bzw. angepasst werden könnten. Solche Beispiele deuten an, dass der Alltagsbetrieb in Beschäftigungsförderungsbetrieben schnell zu einem chronischen Provisorium mutieren kann.

- Die Arbeitsorganisation, wie sie im Overhead bestimmter Unternehmen vorherrscht, scheint nicht unproblematisch: Die Aufgabenbeschreibungen (z.B. sozialarbeiterische Betreuung oder „Personalentwicklung") stehen nur auf dem Papier, de facto müssen sich die relevanten Personen um alles und jeden kümmern. Gleichzeitig wird darüber geklagt, dass bei so manchen Sozialarbeitern unrealistische Vorstellungen bezüglich der realen Handlungsmöglichkeiten bestünden und dadurch Blockaden ausgelöst würden. Diese Kollegen, so erklärt ein Overhead-Mitarbeiter, stellten sich nicht hinlänglich der Frage: „'Wie übertrage ich die Ideen aus dem unbezahlbaren in mein bezahlbares System, um sich innerhalb dieses Rahmens bewegen können?'" Kurzum: Es gibt offenbar ein beachtliches Spannungspotenzial in der Personalstruktur von Beschäftigungsförderungsbetrieben.

- In zwei der vier oben präsentierten Einrichtungen wurde berichtet, dass das Management externe Organisationsberatungen in Anspruch genommen hat, deren (meist an Vorbildern aus anderen Organisationen orientierten) Veränderungskonzepte zunächst viel Energie gebunden haben und dann doch weit gehend verworfen wurden. Fragwürdig erscheint zudem – angesichts des nur schwer standardisierbaren Charakters einer an individuellen Problemlagen und

Entwicklungsprozessen organisierten Reintegrationsmaßnahme –, wohin die rigiden Dokumentationssysteme führen sollen, die drei der vier Träger (zumindest teilweise) auf eigene Initiative hin eingerichtet haben.[87] Hier macht sich organisationsseitiger Managerialismus bemerkbar. Auch die organisationskulturelle Überbetonung der Vermittlungsorientierung sorgt für Spannungen im Reintegrationsprozess. Eine „Personalenwicklerin" beschreibt das Dilemma: „Ich bin die Personalentwicklerin und also da gibt es einen Vertrauensbereich (...). Also ich kann nicht alles der ... Vermittlerin erzählen, wenn die Person sagt, das ist eine Vertrauenssache zwischen uns (...). Also, das ist zwiespältig, ich meine, man hat Ziele, die vorgegeben sind, und man versucht dann natürlich das Beste rauszuholen für die Teilnehmer." Offensichtlich muss bei diesem Träger immer *auch* gegen intern vorgegebene Maximen gearbeitet werden.

Jenseits dieser spezifischen Schwierigkeiten zeigt sich eine allgemeine Problematik: Für eine integrative Praxis organisierter Beschäftigungsförderung im Sinne der für diese Untersuchung entwickelten Definition erscheint es wenig hilfreich, wenn die materiellen Aktivitäten eines Trägers (im Bereich Dienstleistungen und Güterherstellung) organisationsoffiziell erklärtermaßen als zweitrangig gelten. So äußert sich ein Overhead-Mitarbeiter mit Abteilungsleiterfunktionen dahingehend, „dass es nicht mehr Sinn oder dass es nicht mehr die Aufgabe ist, wie beispielsweise [früher, d.Verf.] in den Stadtteilprojekten, ... einen Park zu gestalten oder eine bestimmte Dienstleistung zu machen, sondern der Sinn jeglicher Arbeit ist, dass die Menschen, die zu uns kommen, möglichst so unterstützt werden, dass sie Arbeit finden können." Ähnlich problematisch erscheint – bei einem anderen Träger – die Ausbildung eines kontrafaktischen Selbstverständnisses, wie es folgendes Zitat eines Geschäftsführers zum Ausdruckt bringt: „Wir sind im Prinzip mittlerweile ein ganz normaler Wirtschaftsbetrieb, der zufällig im Wohlfahrtsbereich tätig ist." Wenn dieses Selbstverständnis für die „corporate identity" eines Trägers richtungsweisend wird, dann sind Irritationen sowohl intern (z.B. bei Overhead-Beschäftigten mit sozialen Begleitungsfunktionen) als auch extern (z.B. bei Stakeholdern aus dem politischen System) vorprogrammiert. So anschlussfähig der Hinweis auf Wirtschaftlichkeit und Effizienz auch erscheinen mag: Ein Beschäftigungsförderungsbetrieb lebt letztlich von seinem sozialen Auftrag.

3.3 Der evaluatorische Ertrag

Worin besteht der evaluatorische Ertrag der präsentierten Ergebnisse? Die *„historiographische"* Rekonstruktion der Entwicklung ausgewählter, für die deutsche

---

[87] „Wir führen eine Dokumentationsliste, wo jeder einzutragen hat, was habe ich, mit wem habe ich gesprochen. Welche Maßnahme, was für eine Art von Dienstleistung ... in Minuten" (Overhead-Mitarbeiter eines Trägers).

Szenerie aber typischer, Beschäftigungsförderungsbetriebe hat sich als unter Evaluationsgesichtspunkten v.a. in zweierlei Hinsicht als aufschlussreich erwiesen. Zunächst sensibilisieren die Befunde allgemein für den Gegenstand als solchen – sie zeigen gewissermaßen, worum es beim „Phänomen Beschäftigungsförderungsbetrieb" eigentlich geht. Als Einstiegsphase einer die Leistungspotenziale dieser Organisationen adressierenden evaluativen Analyse erlaubt eine solche Rekonstruktion darüber hinaus, den operativen Spielraum abzustecken, in dem sich die Betriebe – immer auch eigendynamisch – bewegen. Der Kontext organisierter Beschäftigung, so die Quintessenz der Betrachtung, entwickelt sich im Zusammenspiel von Zivilgesellschaft und Sozialstaat sowie vor dem Hintergrund einer unterschiedlich verarbeiteten, sich aber feld- und teilweise sogar länderübergreifend herauskristallisierenden neuen Steuerungskultur, die sowohl im Umfeld als auch in den Betrieben selbst auf organisationsfeldspezifische Weise greift. Die „historiographische" Betrachtung zeigt nicht zuletzt, worum sich diese Kontextuierung organisierter Beschäftigungsförderung im Einzelnen dreht. Es wird deutlich, wie letztere wandelnden Förderlogiken, bewegungssensiblen „stakeholder"-Einflüssen und von ihrer Ausrichtung her variablen Trägermentalitäten unterliegt. Am Ende der Entwicklungen stehen spezifische Handlungsbedingungen, die von solchen Kontexten geprägt, wiewohl von der „Natur der Sache" – also der Idee einer Beschäftigungsförderung abseits der klassischen Erwerbswirtschaft – her nicht zwingend sind. Die „historiographische" Analyse hat also gewissermaßen dem Kontext ein Gesicht gegeben, aber sie hat auch vor Augen geführt, dass dieser Kontexte nicht einförmig wirkt.

Im Hinblick auf die konzeptionelle Seite „realistischer" Evaluationen markieren diese Erkenntnisse deren allgemeine Marschroute: Einerseits muss dem Gesamtkontext systematisch Rechnung getragen werden – Beschäftigungsförderungsbetriebe sind immer nur teilweise dafür verantwortlich, was sie leisten, also muss immer auch das Umfeld evaluiert werden, also beispielsweise das Design der Arbeitsmarktpolitik. Andererseits muss sich der evaluative Blick auf die verbliebenen, aber eben nicht zu vernachlässigenden, Handlungsspielräume organisierter Beschäftigungsförderung richten. Das, worauf die Organisationskarrieren hinauslaufen, steht für *Leistungsvoraussetzungen*, die einerseits im Umfeld, andererseits jedoch zugleich im Innern der Betriebe verortet sind. Organisierte Beschäftigungsförderung kann sich bewusst managerialistisch definieren oder kommerziell aufstellen, sie kann aber auch das entfalten, was in den Fallbeschreibungen als „institutionelle Flexibilität" bezeichnet worden ist: also die formale Anpassung an externe Verhältnisse (hier v.a.: Steuerungskulturen) bei gleichzeitiger aktiver Suche nach Nischen und dritten Wegen.

Die fallstudienbasierte evaluative Analyse von *Leistungspotenzialen* (und -barrieren) in dem fraglichen Organisationsfeld stellt dann einen weiteren Schritt auf dem Weg zu einer „realistischen" Evaluation dar. Die allgemeine Botschaft der Analyse lautet: Organisierte Beschäftigungsförderung kann soziale (Re-)Integration befördern, sie ist potenziell in dieser Hinsicht leistungsfähig. Gewiss zeigen sich auch Defizite – in der Tat gibt es hausgemachte Restriktionen: Wer als quasi-

Dienstleistungsfirma auftritt, kann auf zivilgesellschaftliche Unterstützung nicht ohne weiteres zählen, wer alle Organisationsroutinen auf kurzfristige Vermittlung umstellt (was im Übrigen kontextbedingt häufig genug sinnlos ist), der produziert weniger integrative Arbeits- und Sozialerfahrungen, wer sich auf dem Markt verkalkuliert, der riskiert Qualitätsverluste, wer bei der Projektentwicklung spart, verschenkt Innovationspotenziale etc.. Solche und andere Defizite wurden in dieser Untersuchung nur gestreift, obwohl sie selbstverständlich evaluationsrelevant sind. Das Ziel der Studie bestand jedoch hauptsächlich darin, auf der Ebene des Organisationsfelds *Potenziale* zu explorieren, und entsprechend lag der Schwerpunkt auf dem, was im Sinne der Integrationsziele *möglich* ist.

Für diese Potenziale gibt es auch eine Reihe quantitativer Indizien, wie im Rekurs auf die bereits mehrfach erwähnte projektbegleitende Organisationsbefragung illustriert werden kann.

- Betrachtet man die für die Fallstudien verwendeten übergeordneten Kategorien, so zeigt diese Befragung beispielsweise, dass das Gros der befragten Manager die dezidiert sozialintegrativen Funktionen ihrer Organisationen in den Mittelpunkt ihres *Selbstverständnisses* stellt. Über 90% gaben an, dass es schwerpunktmäßig darum ginge, den wichtigsten Problemgruppen auf dem Arbeitsmarkt zu helfen. Dementsprechend befassen sich die Betriebe ganz überwiegend mit Gruppen, deren Vermittlung in Normalbeschäftigung besonders schwierig ist. Rund ein Drittel der Beschäftigten der befragten Organisationen sind Langzeitarbeitslose oder Jugendliche (unter 25 Jahren), 16% haben schwerwiegende Qualifikationsdefizite, etwa 10% sind über 55 Jahre und weitere 10% der in den Betrieben tätigen Personen befinden sich in besonderen sozialen Problemlagen.
- Interessant erscheint ferner, dass viele Beschäftigungsförderungsbetriebe dezidiert als Mehrzielorganisationen agieren, d.h. sie integrieren arbeitsmarktpolitische Ziele und die Orientierung auf klientelspezifische Unterstützungsformen (Schema 8). Für einen Teil der Betriebe sind wirtschaftliche Tätigkeiten ein Wert für sich – organisierte Beschäftigungsförderung vollzieht sich gerade hier potenziell im Rahmen einer „normalen" Arbeitspraxis. Die Zielstruktur, die durch die Befragung dokumentiert wird, deutet an, dass Beschäftigungsförderungsbetriebe vielfach Ansätze (zu) etablieren (versuchen), die auf die Verbindung von möglichst „normaler" Arbeitspraxis und problemgruppensensibler sozialer Hilfe zielen und auf diese Weise eine ganzheitlich-integrationsorientierte *Strukturqualität* befördern. Immerhin ein knappes Viertel aller befragten Organisationen orientiert sich strategisch auf die Schaffung neuer Produkt- und Dienstleistungsnischen.
- Was die *Procederequalität* betrifft, und hier wiederum den Aspekt des Ressourcenmanagements, so zeigt die Befragung zwar einerseits (nicht überraschend), dass eine große Abhängigkeit von öffentlichen Kostenträgern besteht.[88] Doch

---

[88] 44% der befragten Beschäftigungsförderungsbetriebe gaben an, kommunale Mittel zu nutzen, meist auf der Basis des Bundessozialhilfegesetzes. Bei jeder dritten Organisation macht der Anteil zwi-

mehr als die Hälfte der befragten Beschäftigungsförderungsbetriebe erwirtschaftet zusätzliche Ressourcen durch den Verkauf von Produkten und Diensten, und 40% dieser Organisationen gaben an, dass diese Erlöse für sie eine mittlere bis hohe Bedeutung hätten. Auf den ersten Blick kontrastiert dies mit der Tatsache, dass bei den Beschäftigungsförderungsbetrieben solche Einnahmen in der Regel weniger als 10% des jeweiligen Gesamtbudgets ausmachen. Wie die Fallstudien zeigen, werden solche Einnahmen aber häufig kritisch, weil bezüglich Umfang und Zeitpunkt von Maßnahmenfinanzierungen über öffentliche Programme sehr häufig Unsicherheit besteht und die eigenen Einnahmen als Instrument zur flexiblen Fehlbedarfsfinanzierung genutzt werden. Das gilt auch für die insgesamt marginalen freiwilligen Zuwendungen in Form von Spenden und dergleichen.[89]

- Die Befragung ergänzt schließlich die Befunde aus den Fallstudien im Hinblick auf die *politisch-zivilgesellschaftliche Praxis* der Beschäftigungsförderungsbetriebe. Sie zeigt allgemein, dass die Involvierung zivilgesellschaftlicher und kommunaler Akteure sowie deren Vernetzung in der lokalen Akteursarena im Bereich der organisierten Beschäftigungsförderung eher die Regel als die Ausnahme darstellt. Zwei Drittel der befragten Organisationen erklären, von Vereinen oder von Wohlfahrtsverbänden gegründet worden zu sein, ein Viertel verweist auf die Initiative kommunalpolitischer Akteure. Immerhin jedes zehnte Unternehmen geht zurück auf gemeinsame Initiativen von Vereinen, Kommunen und/oder wirtschaftlichen Akteuren. Die kommunalpolitische Komponente ist allerdings von zentraler Bedeutung: Bei der Entstehung von etwa 70% aller Beschäftigungsförderungsbetriebe waren, so die Befunde der Befragung, die Kommune oder der Kreis eine zentrale Triebkraft.

Diese Umfrageergebnisse sind sicherlich nur „spotlights" auf die buntscheckigen Verhältnisse im Organisationsfeld bzw. die Realität organisierter Beschäftigungsförderung. Aber sie untermauern die Legitimität eines Untersuchungsansatzes, der Fragen der organisationalen Identität oder die Praxis politisch-zivilgesellschaftlicher Ambitionen explizit in die Analyse integriert. V.a. aber sind sie ein weiterer Hinweis darauf, dass das Leistungspotenzial des Organisationsfelds nicht zuletzt in der – potenziell Synergieeffekte auslösenden – *Kombination* von Praxen besteht, die unter anderen Bedingungen auf mehrere, voneinander separierte, gesellschaftliche Sphären verteilt wären.

---

schen 10 und 30% ihres Budgets aus. Ein Fünftel erklärte, dass kommunale Mittel für sie „eine hohe finanzielle Bedeutung" haben. Auf Mittel der Bundesagentur für Arbeit (BA) greifen 71% der befragten Beschäftigungsförderungsbetriebe zurück. Bei einem Drittel dieser Organisationen machen die Mittel der BA 30 bis 60%, bei einem weiteren Drittel sogar 60 bis 90% des Gesamtbudgets aus.

[89] Nur etwa 16% der Beschäftigungsförderungsbetriebe erhalten Spenden und nur 3% Zuwendungen aus Stiftungen. In fast 90% aller Fälle sind diese Zuwendungen gering; sie machen nur max. 10% des Gesamtbudgets aus.

Schema 8: *Zielstruktur von Beschäftigungsförderungsbetrieben*

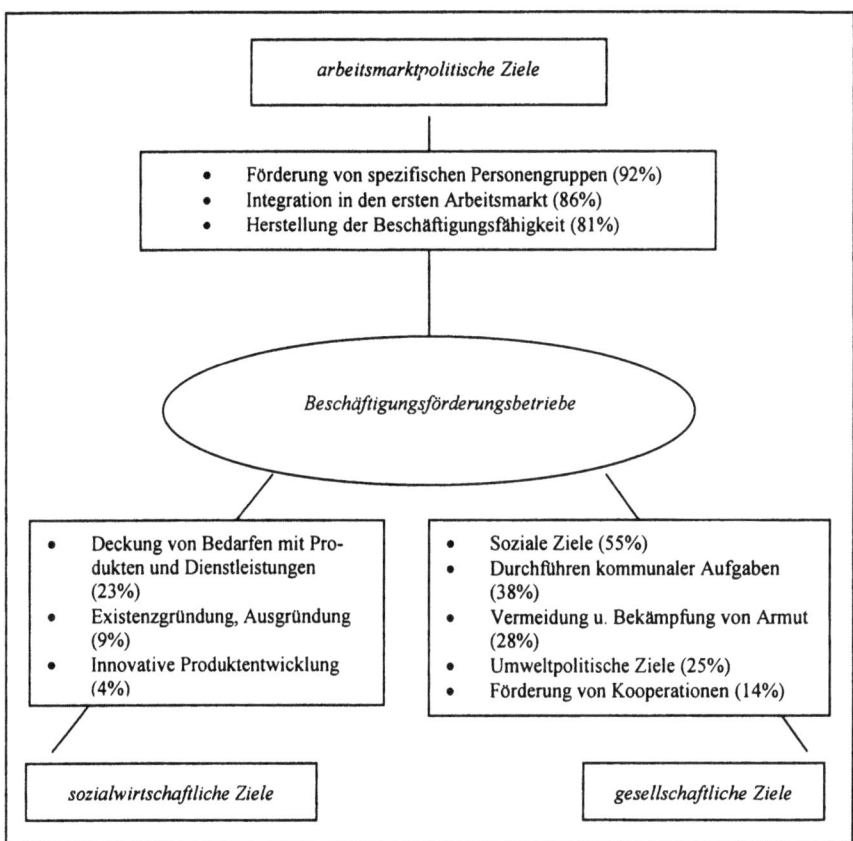

Die Prozentwerte stehen für die Häufigkeit von Nennungen der befragten Manager (maximal fünf) bei der Beantwortung der Frage: „Welche der folgenden Zwecke entsprechen am ehesten den selbst gesteckten Zielen Ihrer Beschäftigungsgesellschaft?"

Quelle: Evers/Schulz (2004)

4. Fazit: Potenziale und Grenzen organisierter Beschäftigungsförderung

Diese Studie hat ein vergleichsweise junges und wissenschaftlich bislang unterbelichtetes Organisationsfeld portraitiert, das eine beachtliche Entwicklungsdynamik aufweist, aber in den letzten Jahren zunehmend unter Legitimationsdruck geraten ist. Dass das nationalkulturelle Umfeld dabei eine tragende Rolle spielt, hat nicht zuletzt der kurze Ausflug in die Verhältnisse anderer europäischer Staaten erkennen lassen. Besonders der „historiographische" Zugang auf einzelne Organisationskarrieren hat gezeigt, wie sich die dynamischen institutionellen Bedingungen in der Entwicklung von Beschäftigungsförderungsbetrieben niederschlagen bzw. von diesen bearbeitet werden müssen. Er machte die Voraussetzungen fassbar, unter denen organisierte Beschäftigungsförderung gegenwärtig stattfindet und – im Spannungsfeld von managerialistischer Steuerungskultur und adaptiver Selbststeuerung – ihre Interventionsdynamik entfaltet. Vor diesem Hintergrund erfolgte eine evaluative Analyse mit dem Ziel, das unter Gegenwartsbedingungen bestehende Leistungspotenzial organisierter Beschäftigungsförderung abzuschätzen. Der Schlussteil dieser Untersuchung soll die entsprechenden Befunde resümieren. Er soll aber auch diskutieren, welche Erkenntnisse diese Studie im Hinblick auf die Konzeption qualitativer Evaluationen erbracht hat und welche Konsequenzen daraus im Hinblick auf weiterführende, vertiefende Evaluationsvorhaben gezogen werden können.

4.1 Leistungspotenziale organisierter Beschäftigungsförderung im Zeitalter des Managerialismus

Versucht man, die in dieser Studie durchgeführte evaluative Analyse zu bilanzieren, so liefert diese im Hinblick auf die Leistungen organisierter Beschäftigungsförderung Anhaltspunkte für beides: die Engführung bzw. Verarmung der materiellen Integrationspraxis sowie der politisch-zivilgesellschaftlichen Außenwirkung einerseits, die Existenz integrativer Leistungspotenziale trotz (betriebswirtschaftlich dominierter) Rationalisierung sowie den Fortbestand gewisser politisch-zivilgesellschaftlicher Funktionen andererseits. Gewiss: Die in den qualitativen Beschreibungen zusammengetragenen Evidenzen haben den Status analytisch verdichteter Impressionen, die sich auf eine begrenzte Zahl konkreter Einzelfälle beziehen. Man kann also die Ergebnisse nicht ohne weiteres auf das gesamte Organisationsfeld extrapolieren, obwohl mit ähnlichen trägerendogenen und -exogenen

Rahmenbedingungen vergleichbare Handlungsspielräume bestehen dürften. Summiert man die Ergebnisse, so entsteht indes ein reichhaltiges Panorama von dem, was in diesem Organisationsfeld vor sich geht und möglich ist.

Zunächst also die schlechte Nachricht, in zwei Facetten: Erstens spricht die historische Entwicklung organisierter Beschäftigungsförderung eine klare Sprache. Am Anfang stehen zivilgesellschaftliche Impulse bei der Gründung der Träger, die sich zunächst erfolgreich mit Initiativen des lokalen Sozialstaats verknüpfen. Die Institutionalisierung der Beschäftigungsförderungsbetriebe als Träger der aktiven Arbeitsmarktpolitik geht dann mit einem tendenziellen Bedeutungsverlust von „Bewegungsenergien" im organisatorischen Umfeld einher – eine Entwicklungsdynamik, die sich europaweit beobachten lässt. Nachdem die Praxis organisierter Beschäftigungsförderung lange Zeit durch eine fruchtbare Kooperation zwischen Zivilgesellschaft und Sozialpolitik geprägt worden ist, befördert die Steuerungskultur des Managerialismus Neigungen, soziale Interventionen nur mehr als administrativ durchrationalisiertes Auftragsgeschäfts zu organisieren. Der Managerialismus impliziert ein „crowding-out" jener originär politisch-zivilgesellschaftlichen Rationalität, die einst den Nährboden für die umfassenderen Integrationsansätze organisierter Beschäftigungsförderung gebildet hat – nämlich: die Verknüpfung von „social empowerment", kollektiver Selbsthilfe bzw. politischer „agency" und gemeinwesenorientierten Beschäftigungsprojekten. Jedenfalls erweist es sich als zunehmend schwieriger, diesen Ansatz qua institutioneller Förderung in schlagkräftige Initiativen umzusetzen – auch weil die Rolle bürgerschaftlichen Engagements im Organisationsfeld allgemein marginal wird, von Leuchtturmprojekten abgesehen.

Zweitens ist dieser Energieverlust Begleitumstand einer mehr oder weniger stark ausgeprägten Hinwendung der Träger zu einer stärker betriebswirtschaftlichen Handlungsrationalität bzw. zur aktiven Aneignung der neuen „Steuerungsphilosophie" im eigenen Zuständigkeitsbereich. Besonders in einer „Interventionslandschaft", in der Bestand und Legitimität der organisierten Beschäftigungsförderung (im Unterschied zu anderen Ländern) nicht institutionell abgesichert sind, werden solche Orientierungen für das Organisationsfeld strukturbildend – es gibt für die Träger offenbar keine „corporate identity" jenseits davon. Dem entspricht im Alltagsmanagement ein (mehr oder weniger stark ausgeprägtes) Eingehen auf Kostenträgererwartungen am kurzfristig Zählbaren und an durchrationalisierten Dienstleistungen für den (für die meisten Beschäftigten unerreichbaren) ersten Arbeitsmarkt sowie ein sukzessives Abrücken von einem Sozialbetreuung, Gemeinwesenorientierung und die Vision der Normalbeschäftigung verknüpfenden Integrationsprojekt. Die Verarmung der Interventionsdynamik scheint unabwendbar.

Doch liefert die evaluative Betrachtung der Fallstudien andererseits auch weniger ernüchternde Hinweise, die zeigen, dass Beschäftigungsförderungsbetriebe auch im Kontext der neuen Steuerungskultur bestimmte Leistungspotenziale abrufen können – was wohl hauptsächlich daran liegt, dass sie ungeachtet anders lautender Diskurse in vielen Fällen eine Organisationspolitik *quer zum Managerialismus* betreiben. Das Selbstverständnis einer am Ziel nachhaltiger sozialer Reintegration (im Sinne des in Kapitel 2.1 kurz umrissenen „social quality"-Ansatzes) orientierten Integrationspraxis ist weiterhin einflussreich, die Strukturierung der eigenen Settings ermöglicht durchaus noch die Verkopplung von „social empowerment" und der Vermittlung sinnstiftender Arbeitserfahrung, wenngleich es dazu nicht selten subversiver Strategien bedarf. Die Fallstudien führen vor Augen, wie und warum Beschäftigungsförderungsbetriebe durch problemgerechte Kommunikationsstrukturen, durch ein flexibles Ressourcenmanagement und kreative Innovationsleistungen sowohl integrativ wirken als auch ihre das Organisationsfeld produktiv strukturierende Rolle im öffentlichen Raum zumindest teilweise bewahren können. Was Letzteres betrifft, so ist zumindest erkennbar, wie die Träger Energien investieren, um in diesem Raum ihre Expertise oder auch ihre sozialpolitischen Vorstellungen im Sinne eines ganzheitlicheren Integrationsziels zur Geltung zu bringen.

Wesentlich für die Fortführung der Integrationspraxis sind in jedem Fall die (verbleibenden) Möglichkeiten eines ausbalancierten Austauschs mit Partnerorganisationen, Behörden, Politikern und anderen öffentlichen Akteuren einerseits und die Spielräume zur Erschließung von Marktnischen bzw. gewerblichen Einkünften – und sei es als schlichte Arrondierung von Lohnsubventionen und anderen Zuwendungen öffentlicher Kostenträger – andererseits. Der Blick über den Tellerrand der deutschen Verhältnisse hat dabei zu erkennen gegeben, dass eine konsequente Marktorientierung der Träger Entwicklungschancen und -risiken zugleich birgt: Lassen sich Marktnischen erfolgreich besetzen und – z.B. durch zivilgesellschaftlich produziertes „Vitamin B" – ausreichend abschotten, dann können sich Beschäftigungsförderungsbetriebe relativ eigenständig und unabhängig von politisch-administrativen Normen entwickeln. Andernfalls geraten sie rasch in wirtschaftliche Schwierigkeiten, die ihre soziale Funktion leicht kompromittieren. Insofern kann sich die Aussicht auf neue Handlungsspielräume durch mehr Marktorientierung als durchaus trügerisch erweisen.

4.2 Grenzen organisierter Beschäftigungsförderung

Ein wesentliches Ziel der in diesem Buch durchgeführten Analyse bestand darin, die Bedeutung der für die Praxis organisierter Beschäftigungsförderung (auch auf lokaler Ebene) bestehenden restriktiven Handlungskontexte als evaluationsrelevant herauszustellen und gleichzeitig Mechanismen zu beschreiben, über die Beschäftigungsförderung – entgegen den für klassische Evaluationsdesigns typischen Feststellungen – integrationsstiftend wirken kann. Wie in der Einleitung bereits erörtert, ging es nur am Rande darum, Defizitpotenziale auf der Ebene einzelner Träger des Organisationsfelds zu ermitteln. Mitunter mag diese Vorgehensweise dem Eindruck Vorschub geleistet haben, dass Defizite, wie sie im Bereich organisierter Beschäftigungsförderung auftreten und gerade von Praktikern tagtäglich erfahren und ertragen werden, immer und durchweg als Resultat unabänderlicher Kontextbedingungen zu werten sind. Dass dieser Eindruck trügt und es hausgemachte Probleme gibt, hat der kurze Abschnitt im dritten Kapitel in mehrerlei Hinsicht angedeutet und entspricht auch der im zweiten Kapitel begründeten These von der partiellen Eigenständigkeit von Organisationen des Sozialsektors. Die Bestimmung von Defizitpotenzialen im Allgemeinen und die Entwicklung eines diesbezüglichen Kategoriensystems im Besonderen sind zweifelsohne integrale Bestanteile eines ganzheitlichen Evaluationskonzepts, und die in dieser Studie nur knapp vorgetragenen „Negativbefunde" verweisen auf die Notwendigkeit, in Folgeuntersuchungen die Interventionsdynamik organisierter Beschäftigungsförderung zum Gegenstand „neutralerer" Evaluationen zu machen und die mit der Konzentration auf Leistungs*potenziale* verbundene implizite „Parteilichkeit" des Untersuchungsdesigns aufzugeben.

Darüber hinaus muss aber auch eingeräumt werden, dass organisierte Beschäftigungsförderung an *Grenzen* stößt, die gewissermaßen in der Natur der Sache liegen – also in dem Umstand einer aus Wirtschaft und Restgesellschaft ausdifferenzierten und zugleich in ihrem zeitlichen und sachlichen Wirkungsradius stark eingeschränkten Interventionspraxis. Auch darüber informieren die Fallstudien:

- Organisierte Beschäftigungsförderung steht vor dem Grundsatzproblem, dass sie in einer Art arbeitsgesellschaftlichem Ghetto stattfindet – ein Umstand, der weder den Geförderten noch der Organisationsumwelt verborgen bleibt. Ein Maßnahmenteilnehmer formuliert die Außenwahrnehmung vieler Träger recht drastisch: „Da rennen nur die Asozialen hin." „Social empowerment" und die Vermittlung normaler Erwerbsarbeitserfahrungen stoßen mit einer solchen Stigmatisierung auf erhebliche Barrieren. Allerdings ist alles eine Frage der Alternativen: Sowohl eine längerfristige Erwerbslosigkeit als auch die nicht selten erniedrigende Erfahrung instabiler „bad jobs" erweisen sich häufig noch weit weniger als integrationsstiftend.
- Die bislang bestehende Beschränkung der organisierten Beschäftigungsförderung auf gemeinnützige Tätigkeiten hat eine Reihe von Nachteilen. Sie zwingt freien Trägern beispielsweise bestimmte interne „governance"-Strukturen auf, die das Alltagsmanagement möglicherweise behindern. So berichtet der Geschäftsführer einer kleinen Initiative: „Diese Tatsache, dass wir einen ehrenamtlichen Vorstand brauchen, hat uns in den vergangenen Jahren massivst behindert." Wie die Studie gezeigt hat, können solche Strukturen allerdings auch nützlich sein, wenn es um die Mobilisierung von politischer oder ressourcenrelevanter Unterstützung geht. Eine andere Beschränkung ergibt sich, wie sich in gleich mehreren der Fallportraits gezeigt hat, aus dem Konkurrenzverbot. Dieses verstellt mögliche Marktzugänge, aber womöglich auch Perspektiven der Arbeitsvermittlung: „Ich muss ... Maßnahmen konzipieren, wo ich zumindest eine relative Wahrscheinlichkeit sehe, dass ich auch hinterher jemanden vermitteln kann; da kommen wir wieder in einen Widerspruch rein, weil ABM von den Fördervoraussetzungen her eigentlich immer zusätzliche Arbeit im öffentlichen Interesse ist" (Overhead-Mitarbeiter). In gewisser Weise schützt das Konkurrenzverbot die Träger allerdings auch, denn es legitimiert unter den bestehenden

institutionellen Bedingungen Zuwendungen an sozial engagierte Organisationen sowie hier und da auch den faktischen Schutz von Dienstleistungsnischen.[90]
- Schließlich hat sich organisierte Beschäftigungsförderung in Deutschland seit jeher an einem Ordnungskonzept orientiert, das an der Vision (oder Illusion) der Integration der Beschäftigten in den ersten Arbeitsmarkt festhält. Öffentlich subventionierte Beschäftigung soll grundsätzlich befristet sein, unabhängig von der Kostenfrage. Overhead-Mitarbeiter beklagen, dass Personen mit längerfristigem Begleitungsbedarf auf halbem Wege „ausgebremst" werden und beispielsweise eine Schuldenregulierung maßnahmenextern und häufig mit weniger Verbindlichkeit fortgeführt werden muss. Überhaupt erzeugt das perspektivenlose Ausscheiden vieler Maßnahmenteilnehmer Frustrationen bei allen Beteiligten. Ein Overhead-Mitarbeiter formuliert das Kardinalproblem – sicherlich etwas überspitzt – wie folgt: „Wir haben Leute, ich meine das nicht böse, da kann man ganz klar sagen, die sind zu dumm für jeden Job und zu schlau für eine Behindertenwerkstatt."

Man kann also von organisierter Beschäftigungsförderung, auch wenn sie sich am Ursprungskonzept sozialer Reintegration durch (Zeit-)Beschäftigung, Sozialunterstützung und Gemeinwesenanbindung orientiert, keine Wunder erwarten. Sie hat Nebeneffekte, die nicht übersehen werden dürfen. In dem Maße, wie das Organisationsfeld der Beschäftigungsförderung zum „Billiglohnsektor" mutiert, werden bestimmte politische und wirtschaftliche Akteure von ihrer Integrationsverantwortung entlastet. Das aber gefährdet das Unterfangen, sozial Benachteiligte an durchschnittliche Lebensbedingungen heranzuführen, und reizt weitere Ausgrenzungen von Leistungsschwächeren aus dem Bereich der Normalbeschäftigung an. Die „freie Wirtschaft" übt diesbezüglich schon seit längerem wenig Zurückhaltung. Es ist überdies eine unausgesprochene Wahrheit, dass Städte und Landkreise in den 1980er Jahren dazu übergegangen sind, leistungsschwächeres Personal nur mehr über (kommunale) Beschäftigungsförderungsbetriebe einzustellen. Mehr noch: Der gegenwärtigen Strategie, Sozialhilfeempfänger gegen Mehraufwandsentschädigung (mehr oder weniger zwangsweise) zu beschäftigen, droht den Charakter des Organisationsfelds nachhaltig zu verändern. Die über die sog. Integrationspauschalen beschäftigten Personen leben nah an der Armutsgrenze, sind formal und symbolisch (mehr als je zuvor) Arbeitsbürger zweiter Klasse und dürften sich in vielen Fällen bezüglich des für sie arrangierten Integrationsparcours äußerst passiv verhalten. Dass dem Ziel einer „social quality of life" für alle damit langfristig kaum gedient ist, liegt auf der Hand. Gerade insofern stellt organisierte Beschäftigungsförderung unter heutigen Bedingungen eine Gratwanderung dar.

Und dennoch: Bis auf weiteres sind keine Alternativen in Sicht. Organisierte Beschäftigungsförderung hat zumindest den Vorteil, dass sie (bislang jedenfalls) genuin mit zivilgesellschaftlicher „agency" sowie mit kommunaler Sozialpolitik

---

[90] Wie etwa den Ausschluss kommerzieller Altkleidersammler aus dem „Sammlungssystem" einer Kommune (in einer der Fallstudien).

verwoben ist. Es sind bis heute die noch in solchen Kontexten verankerten Kräfte, die am ehesten praktische und politische Akzente gegen den managerialistischen Umgang mit sozialer Exklusion setzen. Ein anschauliches Beispiel dafür sind die derzeitigen Bemühungen aus dem Bereich der freien Wohlfahrtspflege, bestimmte Auswirkungen der neuen Arbeitsmarktpolitik (z.b. im Hinblick auf den „Sanktionscharakter" von gemeinnützigen Arbeitsgelegenheiten) zu entschärfen.[91] Und grundsätzlich gilt: Solange die gegenwärtige Arbeitsgesellschaft ausgegrenzte Minderheiten produziert, bedarf es organisierter Bemühungen zu deren menschenwürdigen Reintegration. Beschäftigungsförderungsbetriebe sind diesbezüglich ein Instrument, das zwar optimierungsbedürftig, aber letztlich alternativlos erscheint.

4.3 Perspektiven der Evaluation organisierter Beschäftigungsförderung

Diese Untersuchung hat nicht nur Anhaltspunkte dafür geliefert, was Beschäftigungsförderungsbetriebe leisten (können) und wo sie auf Barrieren stoßen. Sie hat darüber hinaus illustriert und plausibilisiert, wie sich die durch sie bewerkstelligte Interventionsdynamik angemessen evaluieren lässt. Mit Hilfe des in dieser Studie entwickelten Evaluationskonzepts konnte nachvollziehbar gemacht werden, *in welcher Hinsicht und auf welche Weise* die Träger ihr Leistungspotenzial abrufen bzw. warum dies unterbleibt. Genau diese Problemperspektive kennzeichnet den Ansatz „realistischer Evaluation", der für diese Untersuchung richtungsweisend war. Abschließend sollen die auf das Evaluationsproblem bezogenen Erträge dieser Studie resümiert und im Hinblick auf weiterführende Perspektiven reflektiert werden.

Der „Probelauf" einer lokale Organisationssettings fokussierenden qualitativen Evaluation hat im Hinblick auf methodologische Fragen verschiedene Aufschlüsse verschafft. Einerseits erschließen sich aus den Fallanalysen überhaupt erst die *Mechanismen*, über die Beschäftigungswirkung integrative Wirkungen entfalten kann – und Erkenntnisse über solche Mechanismen informieren dann auch Suchstrategien, mit deren Hilfe sich Organisationsversagen testen lässt. Die Auseinandersetzung mit diesen Mechanismen macht erkennbar, worauf es im Prozess organisierter Beschäftigungsförderung ankommt und was demzufolge primär evaluationsrelevant ist:

- Im Hinblick auf das *Selbstverständnis* der Betriebe betrifft dies z.B. Dimensionen der Sinnstiftung, die dem Handeln der Akteure Richtung geben. Eine der evaluativen Kernfragen lautet hier: Orientiert sich dieses Selbstverständnis an

---

[91] Wobei der Umgang der freien Wohlfahrtspflege mit den „Ein-Euro-Jobs" einem Balanceakt gleichkommt, erheben doch Kritiker den Vorwurf, dass diese ihre Personal- und Budgetprobleme durch einen sorglosen Rückgriff auf „billige" Workfare-Klienten zu lösen gedenke. Dessen ungeachtet haben die Verbände in ihren im Herbst 2004 veröffentlichten Stellungnahmen bekräftigt, ausschließlich Freiwillige in ihren Projekten beschäftigen und überdies institutionelle Vorkehrungen gegen die Substitution bestehender Normalarbeitsplätze treffen zu wollen.

der (im zweiten Kapitel umrissenen) Vision einer umfassenden „social quality of life" oder nicht?
- Hinsichtlich der *Strukturqualität* machen die Fallstudien gegenständlich erfahrbar, wie Beschäftigungsförderung durch die Gestaltung von Arbeits- und Begleitstrukturen integrativ wirken kann oder auch wirken sollte. Es geht konkret um den Arbeits-, den Sozial- und den Lebensraumzusammenhang: Ist das Arbeitssetting so gestaltet, dass es respektable und authentische Tätigkeiten bietet, ist es mit besonderen Sozialerfahrungen verbunden (z.B. mit Selbstorganisationsprozessen), gibt es eine Verknüpfung mit räumlichen Bindungen (z.B. Gemeinschaftsbildung in sozialen Brennpunkten)?
- Bezüglich der *Procederequalität* lassen sich mit Hilfe der Fallstudien Ebenen identifizieren, auf die es im Hinblick auf die Leistungsfähigkeit organisierter Beschäftigungsförderung de facto ankommt: Das gilt für die Kommunikationsebene, auf der sich z.B. als kritisch erweist, ob es Akteure gibt, die Alltagsprobleme mit Beschäftigten auf dem „kurzen Dienstweg" verhandeln, ob Führungsgremien sich sensibel zeigen im Hinblick auf spezifische Problemgruppen, oder ob sich sozialprofessionelle Rationalität einen Weg durch managerialistisch geprägte Reorganisationsansätze bahnen kann, für die die Perspektive des „social empowerment" nachrangig ist. Es gilt ferner für die Ebene des Ressourcenmanagements, auf der es um die synergetische Nutzung von Sach- und Personalkapazitäten geht, ferner um die Fähigkeit, den Haushalt durch sachdienliche Eigenmittel (z.B. Verkäufe aus in normalitätsnahen Arbeitssettings produzierten Leistungen) zu arrondieren, und um die strategische Nutzung „zufällig" im Betrieb verfügbarer Gelegenheiten (beispielsweise Nebenqualifikationen auf Seiten des Overhead-Personals). Kritische Momente werden auch im Hinblick auf die Innovationsorientierung der Organisationen erkennbar: Besteht die Neigung und Fähigkeit, im (politischen und zivilgesellschaftlichen) Umfeld anschlussfähige Projekte zu kreieren? Sind die Innovationen insofern stimmig, als sie solide Eigenkompetenzen bzw. verlässliche Umweltkontakte aufgreifen? Interessant ist hier nicht zuletzt das Moment zivilgesellschaftlich-lokaler Einbettung, denn in sämtlichen Fallstudien zeigt sich eine hohe Relevanz proaktiver Bezüge auf das Gemeinwesen (z.B. Kirchengemeinden oder kommunale Instanzen).
- Dies leitet über zum Bereich *politisch-zivilgesellschaftlicher Praxis*. Die Fallstudien geben zunächst überhaupt erst einmal Anhaltspunkte dafür, inwiefern dieser Aspekt für organisierte Beschäftigungsförderung von Bedeutung sein kann. Über eine solche Praxis stellt sich lokale Reputation her (auch im Kontakt mit „der Wirtschaft"), sie ermöglicht die Pflege von Schnittstellen zu anderen Kräften im Sozialsektor; und sie erzeugt eine Sensibilität für Belange des (örtlichen) Gemeinwesens, was zur Bildung einer Organisationsgrenzen überschreitenden Produktivkraft führen kann. Die Übernahme einer Maklerrolle oder der Funktion eines „arbeitsmarktpolitischen Gewissens" in der lokalen Öffentlichkeit können sich dabei als ebenso nützlich erweisen wie Verbindungen zu Ak-

teuren, die die Sache der Organisation (etwa durch Spenden oder durch „publicity") sporadisch unterstützen.

Die Reflektion solcher Untersuchungsergebnisse erlaubt es, gewissermaßen Subkategorien zu bilden, die mit Blick auf eine vertiefende Erforschung des „Wie" und „Warum" von Interventionswirkungen weiterführen. Das dieser Studie zu Grunde liegende grobe Kategoriensystem kann auf diese Weise verfeinert werden. Letzten Endes müssten die durchgeführten „Fallevaluationen" zum Bestandteil eines umfassenderen Evaluationsprozesses werden, der kumulativ verläuft, mit Blick auf einzelne Subkategorien über mehr Fälle „ausgerollt" und dann auch zum Gegenstand quantitativ-vergleichender Erhebungen wird. Die qualitative Beschreibung von Mechanismen, über die organisierte Beschäftigungsförderung wirken kann, bleibt dabei ein unverzichtbarer Baustein.

Andererseits geben die Fallstudien auch Hinweise auf Leistungen (oder Fehlleistungen) erklärende *Kontexte*. Der Ansatz der „realistischen Evaluation" argumentiert, dass gerade die Sensibilität für den Einfluss von (verschiedenartig wirkenden) Kontexten für eine aufklärende evaluative Analyse von zentraler Bedeutung ist. Man lernt zu unterscheiden: Warum bewegen sich die einen Betriebe so und die anderen anders? In den Fallstudien wurde dieser Zugang v.a. über die Beobachtung von Restriktionen (bzw. Leistungsbarrieren) operationalisiert, und zwar hauptsächlich mit Blick auf die Procederequalität. Die Auseinandersetzung mit wirtschaftlicher Konkurrenz, die Art und Fluktuation der Maßnahmenförderung, die begrenzten (finanziellen) Möglichkeiten zur Projektentwicklung, Schwierigkeiten bei der Mobilisierung freiwilliger Zuwendungen in einem für „sponsoring" unattraktiven Feld sozialer Hilfe, der notorische Innovationsdruck im Hinblick auf Maßnahmendesigns und die durch die Klientelstruktur bedingten internen Spannungen – all diese Momente bestimmen den Kontext, in dem sich die Organisationen (je spezifisch) bewegen.

Gleichzeitig gibt es gewissermaßen glückliche lokale Umstände: Zufälligerweise ist ein Overhead-Mitarbeiter mit strategisch anschlussfähigen nebenberuflichen Qualifikationen verfügbar, zufällig bestehen persönliche Kontakte zu Umfeldakteuren, die weiterhelfen können, zufällig passen bestimmte kommunalpolitische Strategien zu dem, was ein Beschäftigungsförderungsbetrieb bieten kann. Jenseits solcher kontingenten – häufig nicht oder kaum steuerbaren – Gegebenheiten ist der lokale Rahmen dann durch Mitarbeiter und Manager ausgestaltet. Ihr Geschick, ihr Commitment und ihr Beziehungsmanagement geben häufig den Ausschlag darüber, wie mit Kontextbedingungen und hier nicht zuletzt: mit der in allen Fallanalysen aufscheinenden managerialistischen Steuerungskultur umgegangen werden kann.

Dass diese Steuerungskultur Teil des Kontextes ist und eben auch in den Mechanismen seinen Niederschlag findet, über die Beschäftigungsförderung heute vollzogen wird, daran lassen die Fallstudien allerdings keinen Zweifel: Die Infrastruktur der Organisationen wird nicht nachhaltig, sondern projektorientiert im „trial and error"-Verfahren alimentiert, die Orientierung an hohen Vermittlungsquoten verdrängt ganzheitlichere Organisations- bzw. Integrationsziele, der Projektwettbewerb orientiert sich zunehmend am outputorientierten Vergabemarkt, eine am lokalen Grundbedarf orientierte und insofern frei disponible Basisförderung bleibt den Trägern in wachsendem Maße vorenthalten. Gleichzeitig überträgt sich die neue Steuerungskultur auch auf die Strategien der Organisationen, die mitunter ihr Heil im freien Markt suchen oder ambitioniert in das „Vermittlungs-Business" einsteigen.

Man kann die Dynamik organisierter Beschäftigungsförderung nicht hinlänglich beurteilen, wenn dieser Kontext und seine Effekte ignoriert werden. Umgekehrt ist es gerade unter evaluatorischen Gesichtspunkten bemerkenswert, dass innerhalb des Organisationsfelds noch immer Energien wirken, die von der Vision einer umfassenderen (Re-)Integration sozial Benachteiligter in gesellschaftlich als normal geltende Lebensverhältnisse genährt werden. Die den Trägern in der politischen und fachwissenschaftlichen Öffentlichkeit immer wieder vorgeworfene Eigensinnigkeit ist deshalb unter den heute gegebenen Voraussetzungen weit weniger Ausdruck von Besitzstandsinteressen als ein Beleg für das in ihrem Organisationsfeld versammelte spezifische Integrationspotenzial – und zwar im Hinblick auf Leistungsdimensionen, die im Mainstream der Evaluationsforschung notorisch übersehen werden.

Literatur

Alexander, Victoria S. (1998), Environmental Constraints and Organizational Strategies: Complexity, conflicts, and coping in the nonprofit sector; S.272-290 in: Powell, Walter W. & Elisabath S. Clemens (Hg.), Private Action and the Public Good, New Haven & London: Yale University Press
Anheier, Helmut K. & Matthias Freise (2004), Der Dritte Sektor im Wandel: Zwischen New Public Management und Zivilgesellschaft; S.129-150 in: Gosewinkel, Dieter, Dieter Rucht, Wolfgang van den Daele & Jürgen Kocka (Hg.), Zivilgesellschaft – national und transnational. WZB-Jahrbuch 2003, Berlin: Sigma
Aposori, Eleni & Jane Millar (2003), The Dynamics of Social Exclusion in Europe. Comparing Austria, Germany, Greece, Portugal and the UK, Cheltenham: Edward Elgar
Ascoli, Ugo & Costanzo Ranci (Hg.) (2002), Dilemmas of the Welfare Mix. The new structure of welfare in an era of privatization, New York: Kluwer Academic / Plenum Publishers
Ashworth, Karl, Andreas Cebulla, David Greenberg & Robert Walker (2004), Meta-Evaluation: Discovering what works best in welfare provision; S.193-216 in: Evaluation (10) 2
Bäcker, Gerhard, Reinhard Bispinck, Klaus Hofemann & Gerd Naegele (2000), Sozialpolitik und soziale Lage in der Bundesrepublik Deutschland. Bände 1: Arbeit, Einkommen, Qualifikation, Band 2: Gesundheit, Familie, Alter, Soziale Dienste. 3., überarbeitete Auflage, Opladen: Westdeutscher Verlag
Baldas, E., T. Bock, Johann M. Gleich, M. Helmbrecht & R. Roth (2001), Modellverbund Freiwilligen-Zentren. Bürgerengagement für eine freiheitliche Gesellschaft. Ergebnisse und Reflexionen. Band 203 der Schriftenreihe des Bundesministeriums für Familie, Stuttgart: Kohlhammer
Bauer, Rudolph (1978), Wohlfahrtsverbände in der Bundesrepublik. Materialien und Analysen zu Organisation, Programmatik und Praxis, Weinheim und Basel: Beltz
Beck, Wolfgang, Laurent J.G.v.d. Maasen, Fleur Thomése & Alan Walker (2001), Social Quality: A Vision for Europe, Amsterdam: Kluwer
Beher, Karin, Reinhard Liebig & Thomas Rauschenbach (2000), Strukturwandel des Ehrenamtes. Gemeinwohlorientierung im Modernisierungsprozeß, Weinheim: Juventa
Bendel, Klaus, Matiaske Wenzel, Florian Schramm & Ingo Weller (2001), „Kundenzufriedenheit" bei ambulanten Pflegedienstleistern. Bestandsaufnahme und Vorschläge für ein stresstheoretischfundiertes Messinstrument; S.247-270 in: Zerres, Michael & Christopher Zerres (Hg.), Gesundheitsmarketing, München und Mering: Hampp
Bigelow, Barbara, Melissa Middleton & Margarete Arndt (1996), Corporate Political Strategy: A framework for understanding nonprofit strategy; S.29-43 in: Nonprofit Management & Leadership (1) 1
Birkhölzer, Karl & Günther Lorenz (2001), Germany: Work Integration through Employment and Training Companies in Berlin and its Surrounding Regions; S.145-179 in: Spear, Roger, Jacques Defourny, Louis Favreau & Jean-Louis Laville (Hg.), Tackling Social Exclusion in Europe, Aldershot: Ashgate
Blien, Uwe (2003), Zur Wirksamkeit aktiver Arbeitsmarktpolitik; S.93-115 in: Blasche, Siegfried & Michael von Hauff (Hg.), Leistungsfähigkeit von Sozialstaaten, Marburg: Metropolis
Bode, Ingo (2000), Die Bewegung des Dritten Sektors und ihre Grenzen; S.47-52 in: Forschungsjournal Neue Soziale Bewegungen 1
Bode, Ingo (2002), Service statt Subsidiarität? Die Organisation katholischer Wohlfahrt im Zeitalter der Vermarktlichung; S.586-600 in: Zeitschrift für Sozialreform (48) 5
Bode, Ingo (2003a), Multireferenzialität und Marktorientierung? Krankenkassen als hybride Organisationen im Wandel; S.435-453 in: Zeitschrift für Soziologie (32) 5
Bode, Ingo (2003b), Von Strategien und Zerreißproben. Chancen und Gefahren loser Kopplung in freiwilligen Vereinigungen; S.15-41 in: Nonprofit-Organisationen, Arbeitskreis (Hg.), Mission impossible? Strategien im Dritten Sektor, Frankfurt: Eigenverlag des DVöpF
Bode, Ingo (2004), Disorganisierter Wohlfahrtskapitalismus. Die Reorganisation des Sozialsektors in Deutschland, Frankreich und Großbritannien, Wiesbaden: Verlag für Sozialwissenschaften

Bode, Ingo, Adalbert Evers & Andreas Schulz (2004a), Verkannte Potenziale – Soziale Beschäftigungsunternehmen und ihre arbeitsmarktpolitische Abwicklung; S.87-94 in: Sozialer Fortschritt (53) 4

Bode, Ingo, Adalbert Evers & Andreas Schulz (2004b), A Third Way to Employment and Integration? Social enterprises in Europe between workfare and welfare; S.203-226 in: Stecker, Christina & Annette Zimmer (Hg.), Strategy Mix. Nonprofit Organisations – Vehicles for Social and Labour Market Integration, New York: Kluwer Academic / Plenum Press

Bode, Ingo & Achim Graf (2000), Im Trend, aber auf eigenen Wegen. Arbeit und Organisation im Dritten Sektor; S.139-172 in: Brose, Hanns-Georg (Hg.), Die Reorganisation der Arbeitsgesellschaft, Frankfurt/New York: Campus

Boeßenecker, Karl-Heinz (2003), Wohlfahrtsverbände, Non-Profit-Organisationen und bürgerschaftliches Engagement; S.149-173 in: Dahme, Hans Jürgen, Hans-Uwe Otto, Achim Trube & Norbert Wohlfahrt (Hg.), Soziale Arbeit für den aktivierenden Staat, Opladen: Leske & Budrich

Boeßenecker, Karl-Heinz, Achim Trube & Norbert Wohlfahrt (2001), Lokale Verwaltungsreform von unten? Lokaler Sozialstaat im Umbruch aus verschiedenen Perspektiven, Münster: Votum

Bogner, Alexander & Wolfgang Menz (2002), Das theoriegenerierende Experteninterview. Erkenntnisinteresse, Wissensformen, Interaktion; S.33-70 in: Bogner, Alexander, Beate Littig & Wolfgang Menz (Hg.), Das Experteninterview. Theorie, Methode, Anwendung, Opladen: Leske & Budrich

Bortz, Jürgen & Nicola Döhring (2002), Forschungsmethoden und Evaluation: für Human- und Sozialwissenschaftler. 3., überarbeitete Auflage, Berlin usw.: Springer

Borzaga, Carlo & Jacques Defourny (Hg.) (2001), The Emergence of Social Enterprise, London: Routledge

Bußmann, Ulrike, Karin Esch & Sybille Stübe-Blossey (2003), Neue Steuerungsmodelle – frischer Wind im Jugendhilfeausschuß? Die Weiterentwicklung der neuen Steuerungsmodelle: Tendenzen und Potentiale am Beispiel der Jugendhilfe, Opladen: Leske & Budrich

Buestrich, Michael & Norbert Wohlfahrt (2004), Hartz und die Folgen für kommunale Beschäftigungsförderung; S.187-211 in: Hanesch, Walther & Kirsten Krüger-Conrad (Hg.), Lokale Beschäftigung und Ökonomie. Herausforderung für die „Soziale Stadt", Wiesbaden: Verlag für Sozialwissenschaften

Büttner, Renate (2003), Praxis und Perspektiven einer zielgruppenorientierten Arbeitsmarktpolitik. Illustriert und entwickelt anhand von Förderbeispielen aus dem Ziel3-Programm des Landes Nordrhein Westfalen. Graue Reihe des Instituts Arbeit und Technik 2003-1, Gelsenkirchen: IAT

Caliendo, Marco, Reinhard Hujer & Stephan L. Thomsen (2003), Evaluation individueller Netto-Effekte von ABM in Deutschland. Ein Matching-Ansatz mit Berücksichtigung von regionalen und individuellen Unterschieden. IAB-Werkstattbericht Nr. 2, Nürnberg: IAB,

Christensen, Tom & Per Laegreid (Hg.) (2002), New Public Management. The Transformation of Ideas into Practice, Aldershot: Ashgate

Clarke, John & Janet Newman (1997), The Managerial State. Power, Politics and Ideology in the Remaking of Social Welfare, London: Sage

Clarke, John (2004), Changing Welfare, Changing States. New Directions in Social Policy, London: Sage

Clarke, John, Sharon Gewirtz & Eugene McLaughlin (Hg.) (2000), New Managerialism, New Welfare? Buckingham: Open University Press

Cutler, Tony & Barbara Waine (2000), Managerialism Reformed? New Labour and public sector management; S.318-332 in: Social Policy & Administration (34) 3

Cyert, Richard M. & James G. March (1963), A Behavioural Theory of the Firm, Englewood Cliffs, NJ: Prentice-Hall

Dahme, Heinz-Jürgen (2000), Kooperation und Vernetzung im sozialen Dienstleistungssektor. Soziale Dienste im Spannungsfeld zwischen 'diskursiver Koordination' und 'systemischer Rationalisierung'; S.47-67 in: ders. & Norbert Wohlfahrt (Hg.), Netzwerkökonomie, Berlin: Sigma

Dahme, Heinz-Jürgen & Norbert Wohlfahrt (2003), Aktivierungspolitik und der Umbau des Sozialstaats. Gesellschaftliche Modernisierung durch angebotsorientierte Sozialpolitik; S.37-56 in: Dahme, Heinz-Jürgen, Hans-Uwe Otto, Achim Trube & Norbert Wohlfahrt (Hg.), Soziale Arbeit für den aktivierenden Staat, Opladen: Leske & Budrich

Dahme, Heinz-Jürgen, Gertrud Kühnlein, Norbert Wohlfahrt & Monika Burmester (2004), Zwischen Wettbewerb und subsidiärer Leistungserbringung: die Verbände der Freien Wohlfahrtspflege im Modernisierungsprozess. Endbericht des Forschungsprojekts: „Vom Wohlfahrtssektor zur Sozialwirtschaft. Wandel der Arbeitsbedingungen und Qualifikationsanforderungen in sozialen Diensten durch Wettbewerb und Kontraktmanagement", Dortmund: Sozialforschungsstelle

Damkowski, Wulf & Anke Rösener (2003), Auf dem Weg zum aktivierenden Staat. Vom Leitbild zum umsetzungsreifen Konzept, Berlin: Sigma

Deml, Jörg (2000), Regionen im Umbruch. Lokale Arbeitsmarktpolitik im europäischen Vergleich. Lokalestudie Deutschland/Bremen; S.233-249 in: Prigge, Rolf et al. (Hg.), Strategien regionaler Beschäftigungsförderung. Schweden, Österreich und Deutschland im Vergleich, Frankfurt//New York: Campus

DiMaggio, Paul. J. & Walter W. Powell (1983), The Iron Cage Revisited: Institutional isomorphism and collective rationality in organizational fields; S.147-160 in: American Sociological Review (48) 1

Ebert, Olaf, Birger Hartnuß, Erik Rahn & Carola Schaaf-Derichs (2002), Freiwilligenagenturen in Deutschland. Ergebnisse einer Erhebung der Bundesarbeitsgemeinschaft Freiwilligenagenturen, Stuttgart: Kohlhammer

Eick, Volker, Britta Grell, Margit Mayer & Jens Sambale (2004), Nonprofit-Organisationen und die Transformation der lokalen Beschäftigungspolitik, Münster: Verlag Westfälisches Dampfboot

Enquête-Kommission des Deutschen Bundestages (2002), Bürgergesellschaftliches Engagement: Auf dem Weg in eine zukunftsfähige Bürgergesellschaft. Bericht der Enquête-Kommission „Zukunft des bürgerschaftlichen Engagements", BT 14/8900, 3.6.2002

Eriksson, Bengt, Ase-Britt Falch, Sandor Lisznyai & Magda Ritoók (2003), Theories of Intervention and Social Change, Frankfurt usw.: Lang

Evers, Adalbert (1993), The Welfare Mix Approach. Understanding the Pluralisms of Welfare States; S.4-31 in: Evers, Adalbert & I. Svetlik (Hg.), Balancing Pluralism. New welfare mixes in care for the elderly, Aldershot: Avebury

Evers, Adalbert & Thomas Olk (2002), Bürgerengagement im Sozialstaat – Randphänomen oder Kernproblem? S.6-14 in: Aus Politik und Zeitgeschichte (B9)

Evers, Adalbert / Schulz, Andreas (2004), Lokale Beiträge zur Arbeitsmarktpolitik und Sozialintegration. Beschäftigungsgesellschaften und ihre Leistungen. Auswertung einer mit Unterstützung der Hans-Böckler-Stiftung durchgeführten Umfrage unter 300 Beschäftigungsgesellschaften, Justus-Liebig-Universität Gießen

Evers, Adalbert, Matthias Schulze-Böing, S. Weck & W. Zühlke (2000), Soziales Kapital mobilisieren. Gemeinwesenorientierung als Defizit und Chance lokaler Beschäftigungspolitik. Gutachten für die Enquête-Kommission „Zukunft der Erwerbsarbeit" des Landtags von Nordrhein-Westfalen, Dortmund: Institut für Landes- und Stadtentwicklungsforschung des Landes Nordrhein-Westfalen

Evers, Adalbert, Ulrich Rauch & Uta Stitz (2002), Von öffentlichen Einrichtungen zu sozialen Unternehmen. Hybride Organisationsformen im Bereich sozialer Dienstleistungen, Berlin: Sigma

Fels, Gerhard, R. Heinze, H. Pfarr, G. Schmid & W. Streeck (2001), Aktivierung der Arbeitsmarktpolitik. Thesen der Benchmarking-Gruppe (Bündnis für Arbeit; Bundesregierung), Berlin

Ferris, James M. & Elisabeth Graddy (1990), Fading Distinctions Among Nonprofit, Government, and For-Profit Sectors; S.123-139 in: Hodgkinson, Virginia A. et al. (Hg.), The Future of the Nonprofit Sector, San Francisco: Jossey-Bass Publishers

Flick, Uwe (1995), Situationen des qualitativen Forschungsprozesses; S.148-173 in: ders. et al. (Hg.), Handbuch Qualitative Sozialforschung. Grundlagen, Konzepte, Methoden und Anwendungen. 2. Auflage, München: Psychologie Verlag

Foster, Peggy & Paul Wilding (2000), Whither Welfare Professionalism; S.143-159 in: Social Policy & Administration (34) 2

Gazier, Bernard (2001), Beschäftigungsfähigkeit: Ein komplexer Begriff; S.19-46 in: Weinert, Patricia, Michèle Baukens, Patrick Bollérot, Marina Pineschi-Gapenne & Ulrich Walwei (Hg.), Beschäftigungsfähigkeit: Von der Theorie zur Praxis, Frankfurt/Main usw.: Lang

Geser, Hans (1990), Organisationen als soziale Akteure; S.401-417 in: Zeitschrift für Soziologie (19) 6

Gilbert, Neil (2002), Transformation of the Welfare State. The Silent Surrender of Public Responsibility, Oxford: Oxford University Press

Glaß, Christian & Bodo Voigt (2000), Punks in Beschäftigung. Projekte und Maßnahmen zur Integration langzeitarbeitsloser Jugendlicher/junger Erwachsener durch Arbeit. Beispiele konkreter Jugendhilfe aus Bremen und Rostock, Hamburg: Kovac

Grunow, Dieter (1995), Zwischen Solidarität und Bürokratie: Organisationsprobleme von Wohlfahrtsverbänden; S.253-279 in: Rauschenbach, Thomas, Thomas Olk & Christoph Sachße (Hg.), Von der

Wertgemeinschaft zum Dienstleistungsunternehmen. Wohlfahrts- und Jugendverbände im Umbruch, Frankfurt/Main: Suhrkamp

Halfar, Bernd (1999), Finanzierungsarten und Finanzierungsformen in der Sozialen Arbeit; S.43-64 in: ders. (Hg.), Finanzierung sozialer Dienste und Einrichtungen, Baden-Baden: Nomos

Hammer, Torild (Hg.) (2003), Youth Unemployment and Social Exclusion in Europe. A comparative study, Bristol: Policy Press

Harks, Thomas (2003), Kommunale Arbeitsmarktpolitik: Rechtliche Vorgaben und Grenzen, Stuttgart: Kohlhammer

Harrach, Eva-Marie von, Thomas Loer & Oliver Schmidtke (2000), Verwaltung des Sozialen. Formen der subjektiven Bewältigung eines Strukturkonflikts, Konstanz: UVK

Harris, John (2003), The Social Work Business, London: Routledge

Hartley, Jean (1994), Case Studies in Organizational Research, S.208-229 in: Cassell, Catherine / Symon, Gillian (Hg.), Qualitative Methods in Organizational Research. A practical guide, Newbury Park: Sage

Hartz-Kommission (2002), „Moderne Dienstleistungen am Arbeitsmarkt" (Kurzfassung des Berichts der Hartz-Kommission), Berlin

Hasenfeld, Yeheskel (1992), The Nature of Human Service Organizations; S.3-23 in: ders. (Hg.), Human Services as Complex Organizations, Newbury Park: Sage

Hauser, Alfred & Wolfgang Obermair (2000), Das Münchener Modell; S.599-609 in: Hauser, Alfred (Hg.), Sozial-Management: Praxis-Handbuch soziale Dienstleistungen. 2., erweiterte und überarbeitete Auflage, Neuwied: Luchterhand

Hearn, Jeff, John Lawler & George Dowswell (2003), Qualitative Evaluations, Combined Methods and Key Challenges: General lessons from the qualitative evaluation of community intervention in stroke rehabilitation; S.30-54 in: Evaluation (9) 1

Heinelt, Hubert, Gerhard Bosch & Bernd Reissert (Hg.) (1994), Arbeitsmarktpolitik nach der Vereinigung, Berlin: Sigma

Heinrichs, Sebastian & Paul Hild (1995), Kommunale Beschäftigungsgesellschaften im Umfeld lokaler Arbeitsmarktpolitik, München/Mering: Hampp

Heinze, Rolf G. & Christoph Strünck (1998), Wohlfahrtsverbände, Selbsthilfe und private Anbieter – neue Rollenverteilung auf lokaler Ebene? S.103-119 in: Grunow, Dieter & Helmut Wollmann (Hg.), Lokale Verwaltungsreform in Aktion: Fortschritte und Fallstricke, Basel: Birkhäuser

Heinze, Rolf G. & Thomas Olk (Hg.) (2001), Bürgerengagement in Deutschland – Bestandsaufnahme und Perspektiven, Opladen: Leske & Budrich

Heinze, Rolf G., Josef Schmid & Christoph Strünck (1997), Zur politischen Ökonomie der sozialen Dienstleistungen. Der Wandel der Wohlfahrtsverbände und die Konjunkturen der Theoriebildung; S.242-271 in: Kölner Zeitschrift für Soziologie und Sozialpsychologie (49) 2

Helbig, Christine M. (2001), Abbau der Langzeitarbeitslosigkeit. Auswertung praktischer Erfahrungen von Einrichtungen außerhalb der öffentlichen Arbeitsverwaltung, Frankfurt usw.: Lang

Hermsen, Thomas (2000), Wohlfahrtsverbände und Sozialmanagement. Differenzierung und Verselbständigung in der sozialen Hilfe, Frankfurt usw.: Lang

Jann, Werner / Schmid, Günther (2004), Eins zu Eins? Zwischenbilanz der Hartz-Reformen am Arbeitsmarkt, Berlin: Sigma

Jessop, Bob (1999), The Changing Governance of Welfare. Recent trends in its primary functions, Scale, and modes of coordination; S.348-359 in: Social Policy & Administration (33) 4

Kieselbach, Thomas (1998), Ich wäre ja sonst nie mehr an Arbeit rangekommen! Evaluation einer Reintegrationsmaßnahme für Langzeitarbeitslose, Weinheim: Deutscher Studienverlag

Kirkpatrick, Ian & Stephen Ackroyd (2003), Transforming the Professional Archetype? The new managerialism in UK social services; S.512-531 in: Public Management Review (5) 4

Kleinhenz, Gerhard (2003), Evaluation der Aktiven Arbeitsmarktpolitik als „neuer" Schwerpunkt der Arbeitsmarktforschung? S.83-94 in: Schmähl, Winfried (Hg.), Soziale Sicherheit und Arbeitsmarkt, Berlin: Duncker & Humblot

Kooiman, Jan (2003), Governing as Governance, London: Sage

Kramer, Ralph M. (2000), A Third Sector in the Third Millennium? S.1-24 in: Voluntas (11) 1

Kronauer, Martin (2002), Exklusion. Die Gefährdung des Sozialen im hoch entwickelten Kapitalismus, Frankfurt/New York: Campus

Krummacher, Michael, Roderich Kulbach, Viktoria Waltz & Norbert Wohlfahrt (2003), Soziale Stadt – Stadtraumentwicklung – Quartiersmanagement. Herausforderungen für Politik, Raumplanung und soziale Arbeit, Opladen: Leske & Budrich

Kühl, Stefan & Petra Strodtholz (2002), Qualitative Methoden der Organisationsforschung – ein Überblick; S.11-32 in: dies. (Hg.), Handbuch Methoden der Organisationsforschung, Reinbek bei Hamburg: Rowohlt

Lamping, Wolfram, Henning Schridde, Stefan Plaß & Bernhard Blanke (2002), Der Aktivierende Staat. Positionen, Begriffe, Strategien. Arbeitskreis Aktivierender Staat, Bonn: Friedrich-Ebert-Stiftung, Eigenverlag

Lenninger, Franz Peter & Andreas Schulz (2003), Job-AQTIV – und die Verlierer bleiben Verlierer; S.116-126 in: (Hg.), Caritas 2003: Jahrbuch des Deutschen Caritasverbands

Maelicke, Bernd (Hg.) (2000), Veränderungsmanagement in der Sozialwirtschaft, Baden-Baden: Nomos

Meyer, John W. & Brian Rowan (1977), Institutionalized Organizations: Formal structures as myth and ceremony; S.340-363 in: American Journal of Sociology (83) 2

Mezger, Erika & Klaus W. West (Hg.) (2000), Aktivierender Sozialstaat und politisches Handeln. 2., erweiterte Auflage, Marburg: Schüren

Miner, Anne S. & Sri V. Raghavan (1999), Interorganizational Imitation: A Hidden Engine of Selection; S.35-62 in: Baum, Joel A.C. & Bill McKelvey (Hg.), Variations in Organization Science: In Honor of Donald T. Campbell, Thousand Oaks: Sage

Mosley, Hugh, Holger Schütz, Günther Schmid & Kai-Uwe Müller (2003), Effizienz der Arbeitsämter. Leistungsvergleich und Reformpraxis, Berlin: Sigma

Mühlfeld, Claus, Paul Windolf, Norbert Lampert & Heidi Krüger (1981), Auswertungsprobleme offener Intervies; S.325-352 in: Soziale Welt (32) 3

Münch, Thomas (2001), Der aktivierte Hilfeempfänger – Erfahrungen und kritische Reflexionen aus der Sicht der Arbeitslosenarbeit; S.191-200 in: Boeßenecker, Karl-Heinz, Achim Trube & Norbert Wohlfahrt (Hg.), Verwaltungsreform von unten? Münster: Lit

Munsch, Chantal (2003), Lokales Engagement und soziale Benachteiligung; S.7-28 in: dies. (Hg.), Sozial Benachteiligte engagieren sich. Über lokales Engagement und soziale Ausgrenzung und die Schwierigkeiten der Gemeinwesenarbeit, Weinheim/München: Juventa

Nährlich, Stefan & Annette Zimmer (1997), Am Markt bestehen oder untergehen? Strategie und Struktur von Deutschem Roten Kreuz und Diakonie im Vergleich; S.253-279 in: Alemann, Ulrich von & Bernhard Weßels (Hg.), Verbände in vergleichender Perspektive. Beiträge zu einem vernachlässigten Feld, Berlin: Sigma

Naschold, Frieder & Jörg Bogumil (2000), Modernisierung des Staates. New Public Management in deutscher und internationaler Perspektive. 2., vollständig aktualisierte und stark erweiterte Auflage, Opladen: Leske & Budrich

Newman, Janet (2003), Modernising Governance. New Labour, policy and society. 3. Auflage, London: Sage

Olk, Thomas, Hans-Uwe Otto & Holger Backhaus-Maul (2003), Soziale Arbeit als Dienstleistung - Zur analytischen und empirischen Leistungsfähigkeit eines theoretischen Konzepts; S.IX-LXXII in: Olk, Thomas & Hans-Uwe Otto (Hg.), Soziale Arbeit als Dienstleistung. Grundlegungen, Entwürfe und Modelle, München/Unterschleißheim: Luchterhand/Wolters Kluwer

Osborne, Stephen P. (1998), Voluntary Organisations and Innovation in Public Services, London: Routledge

Pabst, Stefan (1996), Sozialanwälte. Wohlfahrtsverbände zwischen Ideen und Interessen, Augsburg: Maro

Paton, Rob (2003), Managing and Measuring Social Enterprises, London: Sage

Patton, Micheal Quinn (2002), Qualitative Research & Evaluation Methods, Thousand Oaks: Sage

Pawson, Ray & Nick Tilly (2000), Realistic Evaluation. 3. Auflage, London: Sage

Pellizzari, Allesandro (2001), Die Ökonomisierung des Politischen. New Public Management und der neoliberale Angriff auf die öffentlichen Dienste, Konstanz: UVK

Pestoff, Victor (1998), Beyond the Market and the State. Social enterprises and civil democracy in a welfare society, Aldershot: Ashgate

Powell, Martin & Mark Exworthy (2002), Partnerships, Quasi-networks and Social Policy; S.15-32 in: Glenndinning, Caroline, Martin Powell & Kirstein Rummery (Hg.), Partnerships, New Labour and The Governance of Welfare, Bristol: Polity Press

Reisch, Roman (2001), Ausbildung, Beschäftigung, Qualifizierung – Wohlfahrtsverbände und Dritter Sektor oder der Weg vom Projekt zum sozialen Dienstleistungsunternehmen; S.229-249 in: Priller, Eckhard & Annette Zimmer (Hg.), Der Dritte Sektor - international, Berlin: Sigma

Richter, Gregor (2002), Privatisierung und Funktionswandel der Wohlfahrtspflege. Strategien in nationalen und europäischen Sozialmärkten, Baden-Baden: Nomos

Rosenkranz, Doris & Angelika Weber (2002), Freiwilligenarbeit. Einführung in das Management von Ehrenamtlichen in der Sozialen Arbeit, Weinheim: Juventa

Schmid, Alfons & Andreas Schulz (2000), Beschäftigungsförderung und Arbeitsmarktpolitik. Der Beitrag der Caritas, Freiburg: Lambertus

Schmid, Günther (2002), Wege in eine neue Vollbeschäftigung. Übergangsarbeitsmärkte und aktivierende Arbeitsmarktpolitik, Frankfurt/New York: Campus

Schmid, Josef (2001), Wohlfahrtsstaaten im Vergleich. Soziale Sicherungssysteme in Europa: Organisation, Finanzierung, Leistungen und Probleme. 2. Auflage, Opladen: UTB/Leske & Budrich

Schmid, Josef & Susanne Blancke (2001), Arbeitsmarktpolitik der Bundesländer. Chancen und Restriktionen einer aktiven Arbeitsmarkt- und Beschäftigungspolitik im Förderalismus, Berlin: Sigma

Schönig, Werner (2003), Zur Rolle der Kommunen in der Arbeitsmarktpolitik; S.197-215 in: Zeitschrift für Sozialreform (49) 2

Schulze-Böing, Matthias (2002), Fördern durch Fordern – Fordern durch Fördern? Aktivierende Arbeitsmarktpolitik und die Rolle der Kommunen; S.160-164 in: Sozialer Fortschritt (51) 7-8

Scott, Richard, John W. Meyer & Associates (Hg.) (1994), Institutional Environments and Organizations: Structural Complexity and Individualism, Thousands Oaks: Sage

Seale, Clive (1999), The Quality of Qualitative Research, Thousands Oaks: Sage

Shaw, Ian (2003), Qualitative Research and Outcomes in Health, Social Work and Education; S.57-77 in: Qualitative Research (3) 2

Spear, Roger, Jacques Defourny, Louis Favreau & Jean-Louis Laville (Hg.) (2002), Tackling Social Exclusion in Europe. The contribution of the social economy. 2. Auflage, Aldershot: Ashgate

Stecker, Christina (2004), Die neue deutsche Aktivierungspolitik im europäischen Ländervergleich und Maßnahmen zur Verlängerung der Lebensarbeitszeit; S.164-184 in: Deutsche Rentenversicherung 3

Steinke, Ines (1999), Kriterien qualitativer Forschung. Ansätze zur Bewertung qualitativ-empirischer Sozialforschung, Weinheim: Juventa

Strasser, Hermann, Gabriele Klein, Thomas Schweer, Thomas Bongartz & Klaus Gröhnke (1995), Arbeitslos in Duisburg. Evaluation von Modellmaßnahmen zur Bekämpfung der Langzeitarbeitslosigkeit, Duisburg: Sokop-Verlag

Strati, Antonio (2000), Organization Studies: Theory and Method, London: Sage

Thoenig, Jean-Claude (2003), Learning from Evaluation Practice: The case of public-sector reforms; S.209-230 in: Wollmann, Hellmut (Hg.), Evaluating In Public Sector Reform. Concepts and practice in international perspective, Cheltenham: Edward Elgar

Trube, Achim (1997), Zur Theorie und Empirie des zweiten Arbeitsmarktes. Exemplarische Erörterungen und praktische Versuche zur sozioökonomischen Bewertung lokaler Beschäftigungsförderung, Münster: Lit

Trube, Achim (2001), Die Modernisierung der Sozialhilfe: von der Fürsorge zur aktivierenden Arbeitsvermittlung; S.72-92 in: Boeßenecker, Karl-Heinz, ders. & Norbert Wohlfahrt (Hg.), Verwaltungsreform von unten? Münster: Votum

Trube, Achim (2004), Die neue deutsche Arbeitsmarktpolitik und der Wandel des Sozialstaats; S.62-68 in: Sozialer Forschritt (53) 3

Trube, Achim & Frank Luschei (2000), Entwicklungs- und Vermittlungsassistenz (EVA). Ein Instrument zur Wiedereingliederung Langzeitarbeitsloser, Siegen: Zentrum für Planung und Evaluation Sozialer Dienste, 160

Trube, Achim & Norbert Wohlfahrt (2000), Von der Bürokratie zur Merkatokratie? System- und Steuerungsprobleme eines ökonomisierten Sozialsektors; S.18-38 in: Boeßenecker, Karl-Heinz & ders. (Hg.), Privatisierung im Sozialsektor, Münster: Votum

Trube, Achim & Norbert Wohlfahrt (2003), Prämissen und Folgen des Hartz-Konzepts; S.118-123 in: WSI Mitteilungen (56) 2

Trube, Achim, Sabine Koße, Frank Luschei, Ulrich Schmitz-Mandreal & Karsten Weiß (2003), ABMreal. Ein Projekt zur Untersuchung der arbeitsplatzgenerierenden Effekte von Arbeitsbeschaffungsmaßnahmen. Kurzfassung des Abschlussberichts, Siegen: Zentrum für Planung und Evaluation Sozialer Dienste, 28

Turner, David & Steve Martin (2004), Managerialism Meets Community Development: Contracting for social inclusion? S.21-32 in: Policy & Politics (32) 1

Ullrich, Carsten (2003), Die „Aktivierbarkeit" wohlfahrtsstaatlicher Adressaten. Zu den Grenzen aktivierender Sozialpolitik; S.946-960 in: Allmendinger, Jutta (Hg.), Entstaatlichung und soziale Sicherheit. Verhandlungen des Soziologentags 2002, Opladen: Leske & Budrich

Von Normann, Konstantin (2002), Die Tafel. Eine neue Organisation etabliert sich im Nonprofit-Sektor; S.299-312 in: Schauer, Reinbert, Robert Purtschert & Dieter Witt (Hg.), Nonprofit-Organisationen und gesellschaftliche Entwicklung: Spannungsfeld zwischen Mission und Ökonomie, Linz: Universitätsverlag Trauner

Von Bandemer, Stephan (2001), Aktivierender Staat. New Governance und Arbeitsmarkt- und Beschäftigungspolitik; S.605-618 in: Zeitschrift für Sozialreform (47) 6

Voß, Jürgen (2000), Kaskadentraining zur Einführung von Führung durch Zielvereinbarung; S.670-685 in: Hauser, Albert, Rolf Neubarth & Wolfgang Obermair (Hg.), Praxis-Handbuch soziale Dienstleistungen. 2., erweiterte und überarbeitete Auflage, Neuwied: Luchterhand

Wagner, Alexander / Schuldt, K. (2003), Arbeitsmarktpolitische Reformen im Kontext der Hartz-Kommission. Chancen und Risiken für den ostdeutschen Arbeitsmarkt. Kurzgutachten im Auftrag der Otto-Brenner-Stiftung und der Hans-Böckler Stiftung. Arbeitspapier No. 34, Berlin: Otto Brenner Stiftung

Walter, Gerd (2004), Arbeitsmarktpolitik und regionale/lokale Entwicklung in Ostdeutschland; S.239-262 in: Hanesch, Walther & Kirsten Krüger-Conrad (Hg.), Lokale Beschäftigung und Ökonomie. Herausforderung für die „Soziale Stadt", Wiesbaden: Verlag für Sozialwissenschaften

Weber, Michael (1998), Sozialmanagement in der Wohlfahrtspflege. Konzepte und Praxisberichte im Caritas-Bereich, Konstanz: Hartung-Gorre

Weberling, Anja (2003), Entfesselt oder völlig losgelöst. Die Neuere Steuerung in der Hamburger Arbeitsmarktpolitik, S.74-81 in: Standpunkt: Sozial, Hamburger Forum für Soziale Arbeit 3

Weisbrod, Burton A. (Hg.) (1998), To Profit or Not to Profit: The Dilemma of commercializing the nonprofit-sector, Cambridge: Cambridge University Press

Weiß, Karin (2002), Das Neue Steuerungsmodell – Chance für die Kommunalpolitik? Opladen: Leske & Budrich

Wex, Thomas (2003), Die Strategie erwerbswirtschaftlicher Ökonomisierung: Eine Kritik und ein Plädoyer für eine genuine Nonprofit-Ökonomie; S.43-62 in: Nonprofit-Organisationen, Arbeitskreis (Hg.), Mission impossible? Strategien im Dritten Sektor, Frankfurt: Eigenverlag des DVöpF

Williams, Fiona & Sashra Roseneil (2004), Public Values of Parenting and Partnering: Voluntary organizations and welfare politics in New Labour's Britain; S.181-216 in: Social Politics (11) 2

Wollmann, Hellmut (2003), Evaluating in Public Sector Reform: Towards a 'third wave' of evaluation? S.1-11 in: ders. (Hg.), Evaluating In Public Sector Reform. Concepts and practice in international perspective, Cheltenham: Edward Elgar

Aktuelle Neuerscheinungen zum Thema „Organisation"

Martin Abraham, Günter Büschges
Einführung in die Organisationssoziologie
3. Aufl. 2004. 303 S. mit 10 Abb. und 3 Tab. Br. EUR 19,90
ISBN 3-531-43730-5

Dieses Buch behandelt Organisationen in modernen Gesellschaften, ihre Bedeutung und ihre Funktionsweise aus der Sicht einer strukturell-individualistisch orientierten Soziologie. Es werden Ziele und Strukturen von Organisationen analysiert, die Wechselwirkung von Individuum und Organisation beleuchtet und die Bedeutung von Organisationen für Wirtschaft und Gesellschaft diskutiert. Mittels sechs „Beispielorganisationen" wird der Inhalt beispielhaft erläutert, Literaturempfehlungen zu jedem Kapitel erlauben die schnelle Vertiefung einzelner Gebiete.

Ingo Bode
Disorganisierter Wohlfahrtskapitalismus
Die Reorganisation des Sozialsektors in Deutschland, Frankreich und Großbritannien
2004. 304 S. mit 13 Abb. und 3 Tab. Br. EUR 27,90
ISBN 3-531-14173-2

In dem Buch werden die Sozialsektoren der Länder Deutschland, Frankreich und Großbritannien verglichen, nationale Besonderheiten hervorgehoben und Unterschiede aufgezeigt. Abgeschlossen wird mit einem Ausblick über die Zukunft des Sozialsektors im Wohlfahrtsstaat.

Frank Hillebrandt, Michael Florian (Hrsg.)
Adaption und Lernen von und in Organisationen
Beiträge aus der Sozionik
2004. ca. 240 S. Br. ca. EUR 24,90
ISBN 3-531-14164-3

Der Band vertieft die Zusammenhänge zwischen soziologischen Konzepten des organisationalen und kollektiven Lernens, Ansätzen zur agentenbasierten Sozialsimulation in der Organisationsforschung und informatorischen Konzepten zu Adaptibilität und maschinellen Lernen von Multiagentensystemen.

Erhältlich im Buchhandel oder beim Verlag.
Änderungen vorbehalten. Stand: Juli 2004.

www.vs-verlag.de

VS VERLAG FÜR SOZIALWISSENSCHAFTEN

Abraham-Lincoln-Straße 46
65189 Wiesbaden
Tel. 0611.7878-722
Fax 0611.7878-400

Einführungen in die Soziologie

Martin Abraham, Thomas Hinz (Hrsg.)
Arbeitsmarktsoziologie
Probleme, Theorien, empirische Befunde
2004. ca. 288 S. Br. ca. EUR 24,90
ISBN 3-531-14086-8

Der Band bietet einen fundierten Einblick in die zentralen Theorien und Probleme des Arbeitsmarktes. Voraussichtlich mit Beiträgen von Rolf Becker, Hans Dietrich, Markus Gangl, Henriette Engelhardt, Frank Kalter, Wolfgang-Ludwig-Mayerhofer, Tanja Mühling, Olaf Struck, Heike Trappe u.a.

Paul B. Hill, Johannes Kopp
Familiensoziologie
Grundlagen und theoretische Perspektiven
3., überarb. Aufl. 2004. 358 S. mit 8 Abb. Br. EUR 26,90
ISBN 3-531-43734-8

Der Band gibt einen fundierten Einblick in die Familiensoziologie. Dabei werden zunächst die historischen und ethnologischen Variationen der Formen familialen Lebens thematisiert und die wichtigsten Theorietraditionen der Familiensoziologie vorgestellt. Für die zentralen Gegenstandsbereiche – etwa Partnerwahl, Heiratsverhalten, innerfamiliale Interaktion, Fertilität, Familienformen sowie Trennung und Scheidung – wird der theoretische und empirische Stand der Forschung vorgestellt und diskutiert.

Michael Jäckel
Einführung in die Konsumsoziologie
Fragestellungen – Kontroversen – Beispieltexte
2004. 292 S. Br. EUR 24,90
ISBN 3-531-14012-4

Die moderne Gesellschaft lässt sich als Konsumgesellschaft beschreiben. Mode, Geschmack, Stil sind ebenso prägend wie die mit der entstehenden Konsumgesellschaft einhergehende Konsumkritik. Dieses einführende Lehrbuch beschreibt daher die Entstehung und Entwicklung von Konsum und seine gesellschaftliche Bedeutung.

Erhältlich im Buchhandel oder beim Verlag.
Änderungen vorbehalten. Stand: Juli 2004.

www.vs-verlag.de

Abraham-Lincoln-Straße 46
65189 Wiesbaden
Tel. 0611.7878-722
Fax 0611.7878-400

MIX
Papier aus verantwortungsvollen Quellen
Paper from responsible sources
FSC® C105338

If you have any concerns about our products,
you can contact us on
ProductSafety@springernature.com

In case Publisher is established outside the EU,
the EU authorized representative is:
**Springer Nature Customer Service Center GmbH
Europaplatz 3, 69115 Heidelberg, Germany**

Printed by Libri Plureos GmbH
in Hamburg, Germany